COCINA TRADICIONAL
REPOSTERÍA CASERA

M.ª del Carmen Cascante

cocina tradicional
REPOSTERÍA CASERA

A pesar de haber puesto el máximo cuidado en la redacción de esta obra, el autor o el editor no pueden en modo alguno responsabilizarse por las informaciones (fórmulas, recetas, técnicas, etc.) vertidas en el texto. Se aconseja, en el caso de problemas específicos —a menudo únicos— de cada lector en particular, que se consulte con una persona cualificada para obtener las informaciones más completas, más exactas y lo más actualizadas posible. EDITORIAL DE VECCHI, S. A. U.

Diseño gráfico de la cubierta: © YES.

Fotografía de la cubierta: © Masterfile.

Fotografías de la contracubierta: © Yanik Chauvin/iStockphoto; © Diane Peacock/iStockphoto; © Liza McCorkle/iStockphoto; © Nicole S. Young/iStockphoto; © Kelly Cline/iStockphoto.

© Editorial De Vecchi, S. A. 2019
© [2019] Confidential Concepts International Ltd., Ireland
Subsidiary company of Confidential Concepts Inc, USA
ISBN: 978-1-64461-421-1

El Código Penal vigente dispone: «Será castigado con la pena de prisión de seis meses a dos años o de multa de seis a veinticuatro meses quien, con ánimo de lucro y en perjuicio de tercero, reproduzca, plagie, distribuya o comunique públicamente, en todo o en parte, una obra literaria, artística o científica, o su transformación, interpretación o ejecución artística fijada en cualquier tipo de soporte o comunicada a través de cualquier medio, sin la autorización de los titulares de los correspondientes derechos de propiedad intelectual o de sus cesionarios. La misma pena se impondrá a quien intencionadamente importe, exporte o almacene ejemplares de dichas obras o producciones o ejecuciones sin la referida autorización». (Artículo 270)

ÍNDICE

Introducción	7
Ingredientes básicos	8
Técnicas principales	11
Utensilios básicos y normas elementales	17
Elaboraciones auxiliares	19
Cremas	47
Flanes	57
Púdines	65
Bavarois, gelatinas y mousses	73
Suflés	85
Masas fritas: buñuelos, crepes, torrijas...	91
Galletas y pastas	109
Hojaldres	119
Bizcochos, bollos, cakes, charlotas, pasteles y tartas	125
Postres variados	141
Glosario	155
Índice de recetas	157

INTRODUCCIÓN

El postre es el broche de oro de una comida, la gracia de una mesa, y la repostería, en general, un arte culinario con valor propio. No en vano, en la actualidad, en los restaurantes más prestigiosos, el maestro pastelero recibe la misma consideración que el chef de cocina.

Aunque en las pastelerías se pueden encontrar fácilmente todos estos productos, la elaboración casera aporta un sabor especial: el aroma del bizcocho en el horno, el regalo de los bombones recién hechos, el ingenio de una tarta, la delicadeza de los suflés...

Además de presentar los ingredientes y las técnicas básicas en pastelería, junto con los utensilios indispensables de cualquier repostero, en este libro se recogen, de una manera sencilla y clara, las instrucciones necesarias para elaborar con éxito multitud de postres, desde los más sencillos a los más complicados, de la pastelería moderna y tradicional.

INGREDIENTES BÁSICOS

AZÚCAR

Las aplicaciones en pastelería de este ingrediente fundamental son infinitas. El azúcar granulado es el mejor para los bizcochos. El azúcar en polvo, también llamado glas, glasé o de lustre, también se puede emplear para los bizcochos, pero resulta más seco y menos dulce. Para el almíbar y el *fondant* es aconsejable utilizar azúcar de cortadillo (terrones).

El azúcar glas se compone de azúcar corriente y harina de arroz mezclados en la proporción de una parte de harina por tres de azúcar. Para obtenerlo de forma casera se machaca azúcar en el mortero hasta convertirlo en polvo o se muele en un molinillo de café; luego se mezcla con la harina y se pasa todo por el tamiz. El resultado es un perfecto sustitutivo. Debe conservarse en un lugar bien seco.

Para aromatizar azúcar con limón o naranja, se frota el azúcar con la corteza del cítrico hasta que esté bien impregnado del aroma. El azúcar irá adquiriendo un color parduzco, pero no tiene importancia. Con un cuchillo se raspa la parte impregnada hasta obtener la cantidad necesaria. Conviene que la naranja o el limón tengan una corteza gruesa.

También se puede aromatizar el azúcar con café: se machacan en el mortero algunos terrones de azúcar junto con unos granos de café y se mezcla bien. La cantidad de granos de café depende de la intensidad aromática deseada.

Actualmente, en el mercado se encuentra fácilmente azúcar vainillado, pero también es posible prepararlo en casa. En un mortero se ponen vainas de vainilla troceadas y terrones de azúcar; se machaca todo bien hasta reducirlo a polvo y se conserva en frascos de cristal. Las vainas de vainilla utilizadas en las recetas se pueden emplear para obtener azúcar vainillado: se lavan, se secan bien y se guardan en azúcar glas.

CHOCOLATE

En pastelería se utilizan varios tipos de chocolate: de cobertura, fino, cacao en polvo, fondant, puro, granulado de chocolate...

El chocolate de cobertura constituye la materia prima de chocolateros y pasteleros; negro o con leche, se funde fácilmente y es muy moldeable. Se utiliza para bañar y dar brillo a todo tipo de tartas, pasteles y otros dulces, como frutas confitadas y bombones. Un chocolate de cobertura de buena calidad contiene un promedio de 55-60 % de manteca de cacao.

El chocolate fino se derrite y se utiliza para elaborar principalmente bizcochos y fondants. El granulado sirve para cubrir tartas y bizcochos, y para decorar cualquier preparación.

COLA DE PESCADO O LÁMINA DE GELATINA

La cola de pescado o lámina de gelatina es un ingrediente que se utiliza para ligar los *bavarois*, los púdines... Una cola de pescado de buena calidad debe ser muy transparente, no tener gusto a cola y romperse fácilmente al doblarla, como si fuera cristal.

La cola de pescado se introduce durante 1 o 2 minutos en un bol lleno de agua fría; cuando esté blanda, se escurre bien y ya está lista para usarse. Por lo general, se añade a un preparado caliente, pero no hirviendo, debido a lo cual hay que remover hasta que esté completamente disuelta. Si se quiere agregar a un preparado frío, se diluye previamente en unas cucharadas de agua o leche caliente; se incorpora en seguida a la preparación deseada y se bate muy rápidamente para que no se formen grumos.

HARINA

La harina más utilizada en pastelería es la de trigo, que siempre debe ser de primera calidad. Se obtiene de la molienda de los granos del trigo. No obstante, en determinadas elaboraciones se usa harina de otros cereales: de arroz, casi siempre mezclada con otras harinas; de centeno, para preparar galletas a base de miel, con un color y un sabor muy particulares; o de maíz (maicena), muy nutritiva.

HUEVOS

Los huevos resultan indispensables en la preparación de pasteles en general. Al utilizarlos hay que tener en cuenta su tamaño, pues si son excesivamente grandes o muy pequeños se alterarán las proporciones. Un huevo de gallina de tamaño medio normalmente pesa unos 60 g: aproximadamente 16 g de yema, 35 de clara, y el resto, la cáscara.

Es necesario usar huevos frescos; un método para asegurarse de su frescura consiste en mirarlos a contraluz: deben ser claros y no presentar ninguna mancha.

Para batir claras de huevo se puede utilizar un batidor manual de varillas o uno eléctrico, mucho más rápido y cómodo. Se alcanza el punto de nieve cuando las claras se vuelven blancas y espumosas, y cuando al levantarlas con el batidor se sostienen sin escurrirse. Hay que tener en cuenta que las claras bajan con facilidad, por lo que deben utilizarse en seguida. Cuando han de mezclarse con algún preparado, para que no bajen, en lugar del batidor se usa una espátula de madera (o una cuchara grande) y se dan cortes en la masa mientras se hace girar el bol para que se mezcle todo por igual; esta operación debe realizarse deprisa.

LECHE

La leche tiene que ser muy fresca. Además de natural, se puede usar leche en polvo, obtenida de leche desecada. Para obtener medio litro de leche se diluyen 50 dl de leche en polvo en 450 dl de agua.

LEVADURA

Para obtener pastas blandas y perfectas es necesario utilizar levadura, que puede ser natural o artificial.

Se entiende por levadura natural la pasta de harina de trigo fermentada. Una porción de ella, mezclada en una cantidad mucho mayor de masa, produce su fermentación, lo cual la hace aumentar de volumen. El resto de levaduras, como la de cerveza, las consideraremos artificiales.

MANTEQUILLA

La mantequilla debe ser fresca y de buena calidad, pues es la sustancia grasa de uso más común en pastelería. La mantequilla se extrae de la nata obtenida de la leche, principalmente de vaca; se fabrica batiendo la nata hasta conseguir la separación de la grasa y el suero. Debe conservarse en el frigorífico, porque algunas veces el contacto con el aire la enrancia.

En muchas recetas, hay que usar la mantequilla blanda, es decir, con una consistencia suave y maleable. Esto se consigue sin acercarla al fuego, estrujándola con la mano, ya sea aplastándola contra la mesa, ya sea en una servilleta espolvoreada con harina para que no se pegue; también puede ablandarse poniendo el trozo de mantequilla en una taza y trabajándolo con una cuchara de madera.

Técnicas principales

NORMAS PARA ELABORAR DIFERENTES MASAS

La pastelería tiene su fundamento en las diversas clases de masas, cuya variación consiste en pequeños detalles en el momento de la elaboración y en los ingredientes. Para alcanzar el éxito, es necesario tener presente una serie de normas referentes a cada clase de masa.

Masa de hojaldre[10]

Se trabaja mediante dobleces de pasta separados por capas de harina. Esta forma de preparar la masa da lugar a que se formen hojuelas durante la cocción, que se hacen en el horno a la máxima potencia.

Masa de bizcocho

Consiste en una base común de huevos batidos con azúcar y harina, a la que se pueden incorporar diferentes ingredientes. La clave para que resulte perfecta radica en el batido: la harina, previamente tamizada, tiene que añadirse poco a poco, al igual que las claras a punto de nieve y, si se utiliza, la nata. Para la cocción de esta masa, el horno, una vez precalentado, debe mantenerse a una temperatura moderada.

Por último, los moldes han de engrasarse o forrarse con papel parafinado.

Masa para buñuelos

Un método para elaborar esta masa consiste en cocer la harina, o parte de ella, y después ablandarla con los huevos. La harina debe añadirse toda de golpe en el líquido hirviendo, pues, si no se hace así, se forman grumos.

La masa para lograr unos perfectos buñuelos tiene que quedar compacta y desprenderse con facilidad. Los huevos se agregan uno a uno y se deben batir con mucha agilidad.

El punto exacto de la masa se logra cuando, al levantar la cuchara con la que se trabaja, la masa adherida cae por sí sola.

Para la cocción resulta indispensable que el horno esté bien caliente, pues la masa debe aumentar de volumen rápidamente.

Masa con levadura

Esta masa resulta esponjosa y ligera gracias a la fermentación conseguida mediante la acción de la levadura.

Hay que vigilar la temperatura ambiente, pues si el calor es excesivo, la masa puede fermentar antes de tiempo, y si, por el contrario, hace demasiado frío, se puede retrasar en exceso la fermentación. Este proceso se acelera artificialmente en un ambiente templado.

Las elaboraciones realizadas con esta masa se cuecen en el horno a temperatura fuerte.

Si la masa debe freírse, también se hará a fuego vivo.

Los moldes que contengan estas masas no han de llenarse por completo, porque al cocerse se derramarían.

Masa para freír

La masa para freír tiene que quedar un poco más blanda que las destinadas al horno y es recomendable dejarla reposar antes de utilizarla.

Se freirá siempre en abundante aceite de oliva virgen extra.

Las piezas pequeñas requieren una fritura muy viva, pero las grandes no tanto, pues tienen que estar más tiempo en la sartén para que no queden crudas por dentro. Después se sacan con la espumadera y se escurren encima de una rejilla o de papel absorbente de cocina.

Masa de merengue

En el caso de la elaboración de la masa de merengue el azúcar habrá de mezclarse poco a poco.

Para acelerar el batido de las claras se puede echar una pizca de sal.

Para conseguir una óptima cocción ha de hacerse en el horno a una temperatura suave.

TIEMPO APROXIMADO DE COCCIÓN DE PASTELES EN EL HORNO

	Grados	Minutos
Bizcocho	150	20-25
Bizcocho con levadura	140-150	20-25
Bollos	175	40-50
Galletas	175	20-25
Hojaldre	200	15-25
Merengue	180-200	15-20
Suflé	180-200	25-30

FORMAS DE AMASAR

Hay dos formas de amasar la pasta: floja y correosa. El punto flojo requiere que la masa no tome cuerpo; el correoso, en cambio, sí.

Las masas flojas sirven para tartaletas, timbales, empanadillas, etc.; se hacen con harina floja y se trabajan poco para que no adquieran cuerpo. La masa está en su punto si al apelotonarla para formar una bola no se pega a las manos.

En cambio, las masas correosas o de levadura, propias del pan, los brioches, las savarinas..., requieren harina fuerte y se trabajan mucho. Cuando la masa toma cuerpo, al tirar de ella no se rompe, sino que se estira. A veces la pasta toma más cuerpo del necesario y, al querer estirarla con el rodillo o darle la forma necesaria para forrar el molde, se encoge, y luego no se cuece bien y queda amazacotada.

CARAMELIZACIÓN DE LOS MOLDES

El molde no debe presentar abolladuras, pues si el azúcar se estanca en un hueco, no se carameliza bien. Para un molde mediano se necesitan dos cucharadas de azúcar.

Se echa el azúcar en el molde y se pone a fuego muy vivo. Debe sacudirse de vez en cuando para evitar que el azúcar se queme y moverlo en todos los sentidos para que el almíbar cubra todo el fondo. Si el caramelo no cubriera una parte del molde, se calienta por dicho lugar para que se licúe y se desparrame.

FORRADO DE LOS MOLDES

Muchos postres, como carlotas y púdines, requieren una armadura de bizcochos (la más corriente), galletas, pan... Para realizarla, primero se colocan los bizcochos en el fondo del molde, que debe quedar totalmente cubierto. A continuación, se forran las paredes colocando un bizcocho al lado del otro, muy apretados (si quedan huecos, se pueden rellenar con trozos de bizcocho), con la parte abombada hacia fuera, y se cortan las puntas para dejarlos perfectamente lisos.

Con el fin de desmoldar más fácilmente el postre, antes de forrar el molde con los bizcochos se embadurna con mantequilla. No obstante, en algunas recetas no interesa poner mantequilla; la alternativa entonces consiste en colocar un disco de papel parafinado en el fondo del molde y una banda para cubrir las paredes.

En las recetas que requieren que el molde se forre con pan, se utiliza un disco de miga de pan para el fondo y rebanadas para las paredes, y se procede como en el caso de los bizcochos.

DESMOLDAR, RELLENAR Y DECORAR PASTELES

Para desmoldar un preparado se tapa el molde con un plato, una bandeja o una tapa, que se sujeta con una mano, y con la otra, el molde; se gira con decisión y se deposita sobre la mesa, de forma que el plato quede debajo del molde. Por último, se tira de este suavemente.

Si el molde no se desprende con facilidad, significa que el pastel está pegado; para solucionarlo, suele bastar con unos pequeños golpes o sacudidas. No obstante, si esto no es suficiente, se vuelve a girar el molde y se pasa la hoja de un cuchillo alrededor del pastel.

El secreto para desmoldar moldes caramelizados consiste en hacerlo cuando la preparación todavía está caliente, antes de que el caramelo se enfríe y se pegue, excepto en el caso de los flanes, que suelen cocinarse en moldes caramelizados al baño María y que deben desmoldarse tibios o fríos, pues si se hace en caliente se rompen.

Por lo general, todos los pasteles se rellenan y decoran cuando están fríos, pues si se hiciese en caliente podrían romperse; además, si el relleno o el decorado están compuestos de mantequilla, esta se derretiría. La única excepción a esta norma la constituye el brazo de gitano, pues se rellena y enrolla cuando aún está caliente.

Para rellenar un pastel con crema, nata, confitura... se divide en tantas partes como capas de relleno se quiera poner. Se cortan los discos con la ayuda de un cuchillo de hoja larga y afilada, y se unta en el centro de cada disco el preparado que indique la receta. Se alisa un poco, dejando siempre más espesor en el centro, pues con el peso del disco el relleno se acaba de extender y se evita así el peligro de que sobresalga. Por último, se colocan los discos de nuevo sobre el pastel de forma que este presente el mismo aspecto que tenía antes de rellenarse.

Los preparados más utilizados para decorar y bañar pasteles son el merengue, el glaseado, el dulce de yema, el fondant, las frutas confitadas, el mazapán, las almendras, las avellanas, el coco y el praliné, así como elaboraciones a base de mantequilla, chocolate, café, etc.

CUAJADO DE BAVAROIS, PÚDINES, GELATINAS...

Si no están bien cuajados, estos postres se derrumban al desmoldarlos; por ese motivo, lo más aconsejable es prepararlos con la anticipación necesaria para que tengan tiempo de cuajar. Para acelerar el proceso, se puede utilizar la nevera; en este caso, se prepararán con 2 horas como mínimo de antelación.

No obstante, si se prefiere tomar estos postres menos fríos, habrá que prepararlos unas 4 o 5 horas antes de servirlos para que tengan tiempo de cuajar fuera del frigorífico.

CÓMO EXTENDER EL GLASEADO Y EL FONDANT

El glaseado, o glasé, aporta brillo y un toque de distinción a los pasteles. Además del glaseado real y de azúcar, que son los más habituales, se puede bañar o decorar un dulce con glaseado de licor, chocolate, limón, café... Para ello, se vierte un poco de glaseado en el centro del pastel y se alisa con la ayuda de un cuchillo. Cuando no se va a añadir ningún adorno encima, el glaseado debe ser más espeso que si se adorna con guindas, almendras, etc. Otra manera de decorar un pastel glaseado es espolvoreándolo con azúcar granulado, coco rallado... Una vez glaseado el dulce, se pone al fresco para que cuaje.

El fondant es una preparación a base de agua y azúcar aromatizado que se utiliza mucho en repostería para cubrir bizcochos y pasteles, bañar galletas, rellenar bombones, etc. En primer lugar, se baña el pastel con el glaseado elegido y luego se vierte el fondant y se iguala con la hoja del cuchillo. Se introduce entonces durante unos momentos en el horno para que brille, excepto si al fondant se le ha agregado mantequilla, pues esta se derretiría.

ENROLLAR BRAZOS DE GITANO Y TRONCOS

El bizcocho se confecciona según indica la receta (véase pág. 126) y en seguida se vuelca, se rellena y se enrolla como si fuera una hoja de papel. El relleno y el enrollado se deben hacer muy deprisa, para que el bizcocho no se enfríe, pues en ese caso se corre el riesgo de que se rompa y se escape el relleno. Una vez enrollado, se cortan las puntas para que no queden desiguales.

RALLAR NARANJAS Y LIMONES

En infinidad de recetas de pastelería se utiliza la ralladura de estos cítricos para aromatizar. Para rallar la corteza de la naranja o el limón, se lava bien la fruta y se frota la piel contra el lado más fino del rallador, procurando no llegar a la piel blanca, porque daría un sabor amargo al dulce.

CÓMO PELAR Y TOSTAR FRUTOS SECOS

Para pelar almendras se introducen en agua hirviendo durante 1 o 2 minutos, luego se echan en agua fría para poder pelarlas sin quemarse. La piel se desprenderá fácilmente. Una vez peladas, se secan bien con un paño de cocina, se esparcen sobre una placa y se hornean durante unos minutos, sacudiéndolas de vez en cuando para que se tuesten por igual. Para elaborar almendras tostadas saladas, una vez desprovistas de las cáscaras, se mojan las almendras con agua y se espolvorean ligeramente con sal fina; se meten entonces en el horno hasta que adquieren un color tostado. Para que no se ablanden se conservan en un bote bien tapado y en un lugar seco.

En el caso de las avellanas, se colocan en una placa de horno y se calientan durante 10 o 12 minutos, hasta que estén doradas. Se envuelven luego en un paño de cocina y se frotan bien para que la piel se desprenda. Para tostarlas, se sigue el mismo procedimiento que para las almendras.

SEPARAR LAS YEMAS DE LAS CLARAS

Se casca con suavidad el huevo y se pasa la yema de una cáscara a otra mientras se deja caer la clara en un bol. La yema ha de quedar intacta.

TRABAJAR CON LA MANGA PASTELERA

La manga pastelera está formada por un trozo de tela cosida en forma de embudo, es decir, ancha por arriba y estrecha por abajo. En la parte inferior se adapta una boquilla cuya forma y tamaño dependen de cada postre.

Una vez está colocada la boquilla, se tapa la abertura con un poco de miga de pan para que no se escape la pasta que se echa en la manga. Cuando está llena, con una mano se aprieta la abertura de arriba, se destapa la boquilla y con la otra mano se sostiene por abajo. Se aprieta la manga y moviéndola se realizan los dulces: de arriba abajo, los bizcochos o las lenguas de gato; en redondo, las rosquillas, etc.

Para decorar un pastel, se llena la manga de merengue, nata, crema de chocolate... Se sostiene casi derecha y, partiendo del centro, se mueve en redondo, ampliando a cada vuelta los círculos hasta cubrir toda la superficie. También, en función de la destreza de cada uno, se pueden realizar dibujos.

Las jeringas de plástico también se pueden utilizar para decorar y resultan mucho más fáciles de manejar.

UTENSILIOS BÁSICOS Y NORMAS ELEMENTALES

Hasta ahora se han examinado los ingredientes básicos de la repostería y las técnicas imprescindibles para obtener un resultado final satisfactorio. No obstante, conviene conocer también cuáles son los utensilios que más comúnmente se utilizan en repostería, así como observar una serie de normas que garantizarán el éxito.

Las balanzas de cocina resultan imprescindibles para medir con precisión los ingredientes. Todos los utensilios que se necesitarán para elaborar el postre han de estar perfectamente limpios, incluso mejor si se reservan exclusivamente para este uso, en especial las cucharas y espátulas de madera, para evitar que impregnen el postre con olor a cebolla, grasa...

La manga pastelera es un instrumento indispensable para decorar; las boquillas pequeñas se usan para el chocolate y el glaseado, y las grandes, para rellenar con crema o nata.

Existe una gran cantidad de moldes de formas y tamaños diversos. Los de tarta (tarteras) son circulares y bajos; los de flan, púdines y charlotas tienen forma de cono y bordes altos; los de bizcocho pueden ser cuadrados o rectangulares, de bordes altos para el *plum-cake*; los de suflé son cilíndricos y de bordes altos, etc. Hay moldes con el fondo o las paredes desmontables, que son muy útiles, porque facilitan la operación de desmoldar.

Otro elemento de máxima importancia es el horno, dado que la temperatura de cocción del postre determina el resultado. Si el horno está frío, las pastas harinosas se secan y endurecen, el hojaldre se amazacota y los bizcochos se caen y quedan medio crudos. Un horno demasiado caliente es igual de perjudicial: los pasteles se tuestan por fuera, formando una corteza dura que no deja penetrar el calor, y la masa queda cruda por dentro. Así pues, tanto si se trata de un horno de gas como eléctrico, lo importante es poder graduarlo en función del dulce que se vaya a cocinar en él. A grandes rasgos, podemos dividir la temperatura del horno en tres grados:

— horno suave: al abrir la puerta no se nota esa bocanada de calor que despide cuando está caliente. También se puede comprobar la temperatura si se introduce una hoja de papel blanco, que tardará mucho en ponerse amarillenta. Si no se puede graduar bien, se rebaja el calor poniendo una cazuela de agua fría. A esta temperatura se cuecen los merengues;

- horno moderado: al abrir la puerta se percibe un calor muy soportable. La hoja de papel banco se quema en breves instantes. Es la temperatura necesaria para púdines y suflés;
- horno fuerte: se ha de encender con antelación. La hoja de papel se tuesta al instante. A esta temperatura se elaboran los bizcochos y los hojaldres.

El calor debe mantenerse mientras estén los pasteles en el horno, porque si no, los bizcochos, después de haber subido, bajarán y ya no volverán a subir. No es aconsejable abrir constantemente el horno, sobre todo en los primeros momentos, pues el aire estropea los pasteles.

Antes de sacar el dulce del horno es conveniente asegurarse de su perfecta cocción: esto se sabe cuando los bordes se separan del molde y cuando al presionar ligeramente la superficie con un dedo no queda ninguna señal; por el contrario, si queda una marca, la cocción debe prolongarse unos minutos más. Otro sistema consiste en pinchar hasta el fondo el dulce con una aguja larga: si sale limpia y al apoyarla en el dorso de la mano quema, la masa estará hecha.

Unos minutos después de sacar el postre del horno, se desmolda y se vuelca sobre una rejilla para que se evapore toda la humedad contenida en la pasta y no se ablande.

Por último, antes de iniciar la elaboración de cualquier postre es necesario leer atentamente la receta para asegurarse de que se dispone de todos los ingredientes, así como pesarlos cuidadosamente. Se trata del primer paso para conseguir un resultado satisfactorio. En ocasiones, las cantidades que se utilizan son tan pequeñas que aparecen indicadas por cucharadas o pizcas. Además, hay que tener en cuenta que las cantidades de harina, azúcar y mantequilla que aparecen en las recetas se refieren a la masa o pasta; la harina o azúcar para espolvorear y la mantequilla para untar moldes y placas son independientes de las cantidades indicadas en la receta, si no se indica lo contrario.

ELABORACIONES AUXILIARES

En este capítulo se agrupan los principales preparados que se utilizan para rellenar, bañar y realzar los pasteles: almíbar, azucarado, dulce de yema, esencias, fondant, glaseados, jarabes, mazapán, merengue y salsas.

Almíbar

Ingredientes
agua
azúcar

En un cazo de aluminio se pone azúcar y agua en proporción de 1 kg de azúcar por 1 dl de agua y se derrite a fuego vivo.

Puntos del almíbar

Para apreciar los puntos o grados del almíbar se utiliza la prueba de los dedos y el pesajarabes. Para usar el pesajarabes se necesita un frasco de cristal estrecho y alto, dentro del cual el pesajarabes debe poder flotar libremente. Según la fuerza del almíbar, el instrumento subirá más o menos y marcará el grado alcanzado.

Punto siruposo o jarabe (18-20°)
El jarabe translúcido entra en ebullición. Se trata del almíbar corriente, que se emplea para endulzar frutos secos, emborrachar bizcochos, etc. El almíbar alcanza el punto siruposo cuando se pega a los dedos.

Punto de hebra fina o floja (29°)
Se introducen los dedos índice y pulgar en agua fría y, seguidamente, en el almíbar; se sacan en el acto, se aprietan y se separan: si al abrirlos se forma un hilillo poco resistente, el almíbar ha alcanzado el punto de hebra fina. Suele usarse para elaborar pasta de almendras.

Punto de hebra gruesa o fuerte (30°)
Se hierve el almíbar un poco más y se repite la operación anterior; esta vez el hilillo ofrecerá cierta resistencia. Sirve para preparar cremas y glaseados.

Punto perlita (33°)
El almíbar comienza a hervir a borbotones y se forman burbujas pequeñas. Al hacer la prueba de los dedos, el hilillo ofrece más resistencia. Se utiliza para las frituras.

Punto gran perla (35°)
Las burbujas son más grandes y saltan. El hilillo no se rompe. Es el punto de los fondants.

Punto de bola blanda o floja (37°)
El almíbar, al enfriarse, se queda pegado a los dedos y, al hacerlo rodar entre ellos, se forma una bola. Es el punto del merengue italiano.

Punto de bola fuerte o gran bola (38°)
La bola que se forma al manipular el almíbar es más compacta que en el caso anterior. Es el punto de caramelo.

Punto de lámina o escarchado (39°)
Se forma una bola que, al morderla, se pega a los dientes y ofrece cierta resistencia al desengancharla.

Punto de lámina quebradiza (40°)
Al morder la bola se rompe sin pegarse a los dientes y hace un pequeño ruido. El almíbar está a punto de caramelizarse. Después de los 40° ya no sirve el pesajarabes y el almíbar alcanza el punto de caramelo, que se usa para caramelizar moldes. Se vierte una gota de almíbar en el mármol; si queda compacta y dura, se ha alcanzado este punto.

CÓMO CLARIFICAR EL ALMÍBAR

Por cada kilo de azúcar se utiliza 1 l de agua y 1 clara de huevo. Se derrite el azúcar en un cazo con medio litro de agua fría (2 vasos) y cuando empieza a hervir se añade el tercer vaso mezclado con la clara batida. Se hierve tres veces y se añade cada vez un poco más de agua. Se pasa entonces por un colador fino.

Azucarado de naranja

Ingredientes
200 g de azúcar
0,5 l de agua
1 huevo
media cucharada de zumo de naranja
corteza de naranja rallada

Se prepara un almíbar a punto de hebra con el agua y el azúcar. En un bol se bate la clara a punto de nieve y, sin dejar de batir, se añade primero el almíbar y luego la yema de huevo, el zumo de naranja y la corteza rallada.

Baño blanco

Ingredientes
250 g de azúcar de cortadillo
1 dl de agua
4 claras de huevo
zumo de medio limón

En un bol se mezclan bien las claras, el agua y el azúcar; se vierte la mezcla en un cazo, se pone a fuego suave y, sin dejar de batir, se añade el limón; se mantiene en el fuego hasta que espese y blanquee.

Dulce de yema dura

Ingredientes
300 g de azúcar de cortadillo
12 yemas de huevo
glucosa
agua

Se pone el azúcar para que se derrita en un cazo con un poco de agua. Se cuece a fuego vivo y, para que no engrane, se echa 1 cucharadita de glucosa; se mantiene en el fuego hasta que el almíbar alcance el punto de gran bola.

Se ponen las yemas en un bol, teniendo cuidado de que no caiga ni una pizca de clara, se mezclan bien y, cuando el almíbar haya alcanzado el punto deseado, se vierte en el bol con cuidado y se bate enérgicamente.

Se vierte en un cazo el preparado y, a fuego lento, se remueve sin parar con una cuchara de madera, procurando que no se peguen las yemas ni en el fondo ni en las paredes. Este preparado es muy delicado, pues hay que cocerlo mucho para que espese, se conserve fino y no se queme; para mayor seguridad, es aconsejable hacerlo al baño María.

El dulce de yema está en su punto cuando no se pega en las paredes del cazo. Se aparta entonces del fuego y se vierte sobre el mármol o un plato para que no se ponga verdoso.

Esencia de café

Ingredientes
125 g de café
30 g de azúcar
1 vaso y medio de agua

En primer lugar, se muele el café hasta reducirlo a polvo; se reserva.

En un cazo se vierte el azúcar, se pone en el fuego y, cuando esté a punto de caramelo, se añade el agua. El azúcar se endurecerá, por lo que será necesario cocerlo a fuego lento hasta que se derrita completamente.

Cuando empieza a hervir, se aparta el cazo del fuego y muy rápidamente se incorpora el café y se remueve bien con una cuchara; se tapa y se deja en infusión durante media hora sin destaparlo.

Se vierte todo en una cafetera con filtro, se filtra sin moverlo y la esencia se guarda en un tarro de cristal y se tapa herméticamente.

Esencia de naranja

Ingredientes
6 naranjas
1 limón
0,5 l de coñac

Se corta en tiras pequeñas y finas la corteza de las naranjas y el limón, procurando no coger piel blanca, pues amarga.

Se introducen las tiras en un bote de cristal de boca ancha y se vierte dentro el coñac. Se deja en infusión durante un mes. Una vez transcurrido ese tiempo, se filtra el preparado.

Las naranjas utilizadas para elaborar la esencia se pueden aprovechar para una compota o bien, cortadas en gajos, se pueden infusionar con azúcar y un poco de ron.

Fondant blanco

Ingredientes
1 kg de azúcar
1 cucharada de glucosa
agua

Se echa el azúcar en una cazuela y se añade la cantidad de agua suficiente para que quede bien impregnado; se pone la cazuela a fuego medio para que el azúcar se vaya derritiendo poco a poco.

Cuando esté derretido, se aviva el fuego para que alcance el punto de ebullición; a continuación, se espuma con cuidado y se comprueba el punto del almíbar; cuando se haya obtenido el punto de bola, se añade la glucosa, se mezcla bien y se aparta la cazuela del fuego.

Se deja enfriar un poco y se remueve con una espátula hasta que la preparación se vuelva blanca y sólida.

Se guarda cubierta con un paño húmedo en un sitio fresco.

Fondant de chocolate y mantequilla

Ingredientes
300 g de azúcar
1,5 dl de agua
125 g de chocolate
75 g de mantequilla
media vaina de vainilla

Se confecciona un almíbar fuerte con el azúcar y el agua; se añade la vainilla.

Se pone el chocolate en un cazo, se agregan 2 cucharadas del almíbar caliente, se mezcla bien y se va incorporando poco a poco más almíbar, removiendo con la cuchara hasta que se vuelva fino. Se deja enfriar. La cantidad de almíbar añadido depende del espesor que se quiera conseguir.

Cuando aún esté tibio, se agrega la mantequilla trocead y se bate con una cuchara hasta que la mezcla resulte fina.

Variantes
El fondant de chocolate se elabora igual, pero suprimiendo la mantequilla. En el fondant de chocolate y yemas tampoco se utiliza la mantequilla, pero se agregan 2 yemas de huevo. En el caso del fondant de chocolate y clara batidas, en función de la cantidad de preparado, se añade una o más claras batidas a punto de nieve; para que no bajen, se agrega un poco de azúcar glas o, mejor todavía, almíbar.

Glaseado sencillo

Ingredientes
200 g de azúcar glas
1 clara de huevo
1 cucharadita de vainilla en polvo

Se bate la clara de huevo a punto de nieve muy densa; se incorporan, poco a poco, el azúcar y la vainilla, mezclando siempre con sumo cuidado. Si el glasé resulta demasiado espeso, se le añade un poco de agua.

Este glasé sirve para revestir completamente tartas o pasteles y puede utilizarse tanto frío como caliente.

Glaseado de azúcar

Ingredientes
azúcar
agua

Se pone en un bol mucho azúcar y poca agua, y se mezclan con una cuchara hasta que se derrite el azúcar. Una vez elaborado el glaseado, se baña el dulce con él y se hornea durante unos minutos para que se seque.

Glaseado al agua

Ingredientes
125 g de azúcar glas
0,5 dl de agua

Se vierte en un bol el azúcar, se remueve continuamente y se añade poco a poco el agua fría.

Si el glasé queda demasiado fluido, será necesario agregar más azúcar. Si se desea más brillante, se incorporará una cucharadita de mermelada de albaricoque.

Glaseado de café

Ingredientes
*1 taza de café muy fuerte (se triplica la dosis normal de café)
250 g de azúcar glas
coñac*

Se prepara el café; se pone el azúcar en un bol, se deslíe poco a poco con el café caliente, hasta obtener una pasta espesa y fluida, y, finalmente, se añaden unas gotas de coñac.

Glaseado de chocolate

Ingredientes
125 g de chocolate
medio vaso de agua tibia
150 g de azúcar glas
1 cucharadita de esencia de vainilla

Se trocea el chocolate y se pone en una cazuela; se añade el agua tibia y se funde a fuego lento durante 8 o 10 minutos, removiendo continuamente hasta obtener una salsa espesa; se añade el aroma de vainilla, después el azúcar y se mantiene 2 o 3 minutos más en el fuego.

Glasé real

Ingredientes
125 g de azúcar glas
3 o 4 gotas de zumo de limón
1 clara de huevo

Se pone en un bol la clara de huevo, el azúcar y el zumo de limón; se remueve constantemente con una cuchara hasta que tenga el aspecto de una crema espesa muy blanca. Si se desea, se puede aromatizar con ron o vainilla.

Jarabe de azúcar

Ingredientes
0,5 kg de azúcar
0,5 l de agua
1 limón de piel fina

En una cazuela honda se vierte el agua, el azúcar y la piel del limón; se mezcla todo con una espátula, se pone en el fuego y se deja cocer lentamente hasta que el jarabe adquiera cierta consistencia; por último, se espuma.

Jarabe de frutas naturales

Se machaca primero la fruta en el mortero y luego se pasa la pulpa por el tamiz y se recoge el zumo. Se pesa tanto la pulpa como el zumo y se vierte todo en una cazuela honda.

Por cada kilo de fruta se añade 1,5 kg de azúcar y el 10 % del peso en glucosa. Se elabora el almíbar. Con la ayuda del pesajarabes se mide la densidad, que ha de ser de unos 30°; si el jarabe es demasiado denso, se añade un poco más de agua y se hierve de nuevo; pero si, por el contrario, es poco denso, se agrega azúcar y se cuece hasta conseguir el punto deseado.

Una vez frío, el jarabe se puede embotellar.

Jarabe de moras

Ingredientes
moras muy maduras, sanas y enteras
azúcar

Se lavan las moras y se escurren; se eliminan los pedúnculos; se pone la fruta en un bol grande y se aplasta con una cuchara de madera. Se deja en reposo durante toda una noche.

Se coloca un lienzo fino muy limpio en un tamiz; se moja y se espera a que se seque un poco. Se echan luego las moras en el tamiz y se recoge el zumo sin apretar ni tocar la fruta; el zumo debe escurrir lentamente por sí solo durante 1 hora aproximadamente.

Se pesa el zumo obtenido y se añade el mismo peso de azúcar; se vierte todo en una cazuela y, a fuego moderado y sin remover, se lleva a ebullición; a partir de ese momento se hierve durante 10 minutos.

Se espuma con suavidad y se vierte el jarabe en botellas procurando no agitarlo demasiado.

Jarabe para bañar dulces

Ingredientes
0,5 kg de azúcar
0,25 l de agua
1 trozo de vaina de vainilla o 1 palo de canela

Se pone a hervir en una cazuela el azúcar, el agua y el aroma elegido durante 5 minutos; luego se espuma, se deja enfriar y se embotella.

Si en lugar de usar vainilla o canela, que pueden hervir con el jarabe, se utilizan otros aromas, como corteza de limón o de naranja (siempre cortada lo más fina posible), o jerez, málaga, moscatel, etc., se incorporarán al jarabe cuando ya esté preparado, puesto que, si hierven, pierden sus propiedades aromáticas.

Jarabe al ron

Ingredientes
400 g de azúcar
0,5 l de agua
2 copas de ron
corteza de limón

En una cazuela se pone el azúcar, el agua y la corteza de limón cortada en tiras; se hierve durante 10 minutos, se espuma hasta que el jarabe esté bien claro y se aparta del fuego. Entonces se cuela y se añade el ron, mezclando bien.

Esta receta es válida para cualquier otro tipo de licor, como *cointreau*, marrasquino, *chartreuse*, etc.

Mazapán

Ingredientes
300 g de azúcar molido
300 g de almendras crudas
3 o 4 claras de huevo
agua

Si las almendras se compran ya peladas, la elaboración del mazapán será más rápida y cómoda.

Se pican las almendras con un molinillo o una picadora y se reservan. A continuación, se elabora un almíbar al punto de bola con el azúcar y un poco de agua. Se vierte el preparado en una cazuela y se cuece durante unos minutos a fuego muy suave.

Para obtener un mazapán de diferente consistencia, se agregan más o menos claras de huevo.

Generalmente, el mazapán se presenta en forma de figuritas, pero también se pueden elaborar pasteles con esta pasta. Es habitual adornar el pastel de mazapán con un baño de glaseado o con dulce de yema y cubrirlo luego con una capa de mazapán; se introduce unos minutos en el horno y se sirve con azúcar glas espolvoreado.

Merengue

Ingredientes
clara de huevo
azúcar glas

Por cada clara de huevo se necesitan 50 g de azúcar glas.

Se baten las claras a punto de nieve y se mezclan con mucho cuidado con el azúcar, moviendo despacio con la ayuda de una espátula.

Un pastel se puede bañar con una capa generosa de merengue y decorar con dibujos realizados con la boquilla rizada de la manga pastelera. Una vez decorado, se acerca el pastel a la entrada del horno a una temperatura muy suave para que el merengue se seque, pero teniendo cuidado de que no se queme.

Merengue italiano

Ingredientes
250 g de azúcar de cortadillo
4 claras de huevo
medio vaso de agua
2 cucharadas de azúcar glas

Con el azúcar y el agua se elabora un almíbar a punto de bola. En un bol se baten las claras a punto de nieve muy dura y se añade el azúcar glas en 2 o 3 veces. Se vierte el almíbar en forma de chorrito sobre las claras mientras se va batiendo; una vez acabado el almíbar, se sigue batiendo durante unos segundos más.

Salsa de chocolate

Ingredientes
200 g de chocolate amargo
100 g de azúcar
0,5 l de agua
maicena

En una cazuela se mezcla el chocolate con el agua y el azúcar, se pone en el fuego y, cuando hierva, se espesa a voluntad con maicena previamente desleída con un poco de agua fría. Dado que la maicena espesa, hay que mezclar con precaución para lograr la densidad deseada. Una vez alcanzada dicha densidad, se aparta la salsa del fuego.

Si se sirve caliente, ya se puede utilizar, pero si se quiere servir fría, hay que dejarla enfriar y luego colarla para que quede más fluida.

Esta salsa se puede aromatizar con canela o vainilla.

Salsa de fresas o frambuesas

Ingredientes
100 g de fresas o frambuesas
100 g de azúcar
10 g de maicena
1 corteza de limón
agua
carmín vegetal

En una cazuela se ponen las fresas lavadas y escurridas, junto con el azúcar, 1 dl de agua caliente y la corteza de limón. Se pone en el fuego y se hierve durante 5 minutos.

Una vez transcurrido ese tiempo, se añade la maicena previamente disuelta en 2 cucharadas de agua; se hierve otros 2 minutos y se aparta la cazuela del fuego. La mezcla ha de estar sólo ligeramente ligada, pues al enfriarse se espesa.

Se cuela, apretando bien para que pase la fruta; se agregan unas gotas de carmín vegetal para obtener el color natural de las fresas (o las frambuesas) y se deja enfriar.

Salsa de naranja

Ingredientes
3 naranjas
250 g de azúcar
1 corteza de limón
2 cucharaditas de maicena
agua
carmín
colorante amarillo

Se introduce en una cazuela el azúcar, la pulpa de las naranjas, la corteza de limón, un poco de corteza de naranja y 0,25 l de agua. Se pone en el fuego y se hierve a borbotones durante 10 minutos. A continuación, se pasa todo por un colador, presionando bien para que la fruta suelte todo su jugo.

Se vierte de nuevo en la cazuela, se vuelve a cocer, se añade la maicena previamente disuelta en 2 cucharadas de agua fría y se hierve durante 5 minutos. Se espuma y se colorea con unas gotas de carmín y otras de amarillo para obtener el color naranja. Finalmente, se cuela la salsa y se deja enfriar.

Salsa sabayón

Ingredientes
2 dl de vino blanco seco, oporto, jerez...
200 g de azúcar
5 yemas de huevo
vainilla en polvo
corteza de limón rallada

En un cazo se amasa el azúcar, las yemas, la vainilla y la corteza de limón rallada hasta que se obtiene una masa cremosa. Luego, poco a poco, se añade el vino y se pone al baño María, sin dejar de batir, hasta que se forma una crema espumosa un poco consistente. Se recubre el postre elegido con esta crema o bien se sirve aparte.

Generalmente el sabayón se prepara en el último momento, pero si se hubiera hecho con anticipación, hay que batirlo de nuevo antes de utilizarlo.

CREMAS

Para elaborar cualquier crema, en primer lugar es necesario hervir la leche, pero conviene hervir una cantidad superior a la indicada y dejarla reducir hasta conseguir la necesaria. Las leches que se adquieren en el mercado rara vez son puras, casi todas llevan agua añadida en mayor o menor cantidad; si se dejan hervir, se elimina el exceso de agua y resultan más mantecosas.

En ocasiones se suele añadir a las cremas un poco de maicena, que no las mejora, pero evita que se corten al hervir.

Cuando la leche está hirviendo se incorporan los demás ingredientes para que la mezcla sea perfecta.

Si las cremas se aromatizan con limón o naranja, solamente se usa la parte exterior de la cáscara, sin llegar a la parte blanca, ya que amarga; la cáscara se retira cuando la crema está hecha.

Cuando está en su punto, la crema se traslada a una fuente o bol de cristal o porcelana, previamente pasada por el tamiz. Para que no se forme una tela en la superficie se removerá a menudo con una cuchara, que se dejará metida en la crema.

Las cremas se pueden servir tanto frías como calientes; si se usan para rellenar pasteles, se emplearán frías, pues la crema caliente reblandece el postre y le da un mal aspecto.

Crema *chantilly*

Ingredientes
1 l de nata
150 g de azúcar glas
gotas de limón

Se bate la nata, que debe haberse guardado en el frigorífico, con un batidor de alambre. Aumentará casi el doble su volumen, pero hay que tener cuidado de no batir demasiado, pues se corre el riesgo de que se vuelva grumosa y se convierta en mantequilla.

Cuando esté bien espumosa y el batidor deje surcos en la crema, se mezcla con el azúcar y unas gotas de limón.

Crema de almendras

Ingredientes
1 l de leche
6 huevos
100 g de azúcar
100 g de almendras molidas
1 cucharadita de extracto de almendras amargas
10 terrones de azúcar
6 almendras enteras peladas

En un cazo se pone a hervir la leche con el azúcar. Una vez hervida, se añaden las almendras molidas, se tapa el cazo y se deja en infusión durante 5 minutos.

Se cascan los huevos en un bol, se vierte la leche encima sin dejar de batir y se perfuma con el extracto de almendras.

Se vierte la crema en un recipiente de porcelana o refractario y después se pone a cocer al baño María en el horno durante 35 minutos.

Para preparar un caramelo, se ponen los 10 terrones de azúcar en una cazuela pequeña y se lleva al fuego; una vez tostados, se les echa 4 cucharadas de agua fría y se deshace rápidamente con una cuchara de madera.

Se saca la crema del horno, se vierte encima el caramelo y se adorna con las almendras enteras.

Esta crema de almendras se sirve fría. Las cantidades indicadas son para cuatro personas, aproximadamente.

Crema de café

Ingredientes
0,25 l de café muy cargado
6 yemas de huevo
50 g de azúcar
1 sobre de vainilla
1 vaso de nata

En primer lugar, se mezclan bien la nata y el café frío. Aparte se baten las yemas de huevo con el azúcar, se unen las dos mezclas y se perfuma con la vainilla.

Se vierte la crema en un recipiente y se pone a cocer al baño María durante 15 minutos.

Si se utiliza como postre, se reparte la crema en copas y se conservan en un lugar frío. Se pueden servir adornadas con bizcochos.

Crema de chocolate

Ingredientes
1 l de leche
3 yemas de huevo
1,5 cucharadas de maicena
200 g de chocolate
120 g de azúcar
4 cucharadas de agua caliente
2 claras de huevo
10 almendras tostadas

En un cazo se pone el agua y el chocolate, a fuego lento, para que se deshaga sin hervir, removiendo constantemente con una cuchara de madera.

Se pone a cocer en una cazuela la leche con 60 g de azúcar y se remueve de vez en cuando para que el azúcar no se quede en el fondo.

Mientras tanto, se ponen en un bol las yemas de huevo, la maicena y 30 g de azúcar; se mezcla bien hasta obtener una crema.

Cuando la leche empiece a hervir, se añade muy despacio la crema, removiendo constantemente; se incorpora luego el chocolate derretido y se mantiene en el fuego durante 3 minutos; se retira y se deja enfriar.

Se baten las claras a punto de nieve y se mezclan con 30 g de azúcar. Se adorna la crema con montoncitos de clara espolvoreada con las almendras no muy trituradas. Las cantidades indicadas son para cuatro personas aproximadamente.

Crema *frangipane*

Ingredientes
100 g de almendras dulces
300 g de almendras amargas
100 g de azúcar
100 g de mantequilla
1 huevo
1 yema de huevo
extracto de vainilla

Se machacan las almendras en el mortero y se mezclan con el azúcar y unas gotas de extracto de vainilla.

Se baten el huevo entero y la yema en un bol. Se incorpora poco a poco a la pasta de almendras hasta conseguir una pasta lisa y cremosa.

Se añade la mantequilla derretida y se mezcla bien.

Crema inglesa

Ingredientes
1 l de leche
6 yemas de huevo
100 g de azúcar

Se pone a hervir la leche con el azúcar.

Se cascan los huevos y se separan las claras de las yemas. Se ponen las yemas en un bol, se baten con una cuchara y se añade lentamente la leche hervida.

Se vierte una cazuela y se pone la crema en el fuego, para que espese, sin dejar de remover. Una vez cocida, se retira del fuego y se vierte en una fuente para que se enfríe. Las cantidades indicadas son para cuatro personas aproximadamente.

Crema pastelera

Ingredientes
0,5 l de leche
3 yemas
2 cucharadas de maicena
75 g de azúcar
25 g de mantequilla
1 corteza de limón

Se ponen en un cazo las yemas, el azúcar y la maicena; se mezcla bien y se incorpora la leche y una corteza de limón. Se trabaja con el batidor y se pone el cazo en el fuego.

Cuando rompa a hervir, se aparta, se agrega la mantequilla, se mezcla bien y se deja enfriar.

Crema de mantequilla

Ingredientes
*250 g de mantequilla
2 huevos
150 g de azúcar*

Se trocea la mantequilla y se trabaja enérgicamente con una espátula de madera hasta obtener una pasta untuosa.

Se cascan los huevos en un cazo y se añade el azúcar. A continuación, se pone el cazo al baño María no muy caliente y se remueve con una cuchara de madera hasta obtener una mezcla muy cremosa.

Se aparta del fuego y se pone el cazo en un recipiente con agua fría, removiendo la crema hasta que esté fría.

Se incorpora la mantequilla a la crema, mezclando con mucho cuidado.

Esta crema base sirve para cubrir y rellenar pasteles.

Crema de limón

Ingredientes
45 g de mantequilla
200 g de azúcar de lustre
4 huevos
3 limones
ralladura de limón

Se lava 1 limón y se corta un poco de corteza. Se parten todos los limones por la mitad y se exprimen.

En un cazo se derrite la mantequilla, se añade el zumo y la ralladura de limón, después el azúcar y, por último, los huevos batidos. Se mezcla bien y se pone la crema al baño María. Se remueve constantemente durante 15 minutos para que la crema espese.

Se retira del fuego, se vierte en una fuente de cristal y se guarda en un sitio fresco. Cuando esté fría se podrá utilizar para rellenar pasteles.

FLANES

Los flanes se componen generalmente de un crema que se pone a cuajar al baño María. Conviene señalar que con este método de cocción el agua debe subir hasta 1 cm aproximadamente del borde del molde y ha de hervir despacio y sin parar, por lo que hay que ir añadiendo agua caliente a medida que se vaya evaporando, para conservar siempre el mismo nivel.

Conviene que el calor proceda de abajo, por lo que se coloca el flan en la parte más baja del horno y, si es necesario, se sube para que acabe de cuajarse.

Es muy importante dar con el punto exacto de cocción, pues si el flan se cuece poco se derrumba fácilmente al desmoldarlo y si se cuece demasiado se pone verdoso, se endurece y no resulta fino. Para saber si el grado de cocción es correcto se pincha el flan con una aguja larga: si sale limpia, el flan está cuajado y puede sacarse del horno, pero si sale húmeda, necesita más tiempo. Una vez cuajado, es conveniente dejar el flan en el agua para que se endurezca más.

Para desmoldar el flan se ladea un poco el molde y se deja escurrir el agua que va soltando a medida que se enfría. Luego se separan los bordes del flan cuidadosamente con un cuchillo y se tapa con un plato de cristal; se le da la vuelta al molde, se deposita sobre la mesa apoyado en el plato, se sujeta por ambos lados y se levanta: si está bien cuajado, el flan se deslizará fácilmente.

Flan de albaricoques

Ingredientes
1 kg de albaricoques maduros
5 huevos
100 g de almendras tostadas
100 g de mantequilla
300 g de azúcar
1 cucharadita de harina
corteza rallada de 1 limón
4 almendrados
mermelada de albaricoque
kirsch

Se cuecen los albaricoques, se trituran y se ponen de nuevo en el fuego, junto con el azúcar y la corteza de limón rallada. Se deja en el fuego hasta que la mezcla esté casi seca.

Se deja enfriar y se añaden las almendras machacadas, los almendrados desmenuzados, la harina y las yemas de huevo. Se mezcla todo bien y finalmente se incorporan 80 g de mantequilla derretida y las claras batidas a punto de nieve muy consistente.

Se unta un molde con mantequilla y se vierte el puré, agitando el molde para que no queden huecos. Se cuece al baño María durante 1 hora aproximadamente. Se desmolda cuando el flan está frío.

Este flan se sirve con una salsa preparada con mermelada de albaricoque diluida con una copita de *kirsch*.

Flan anaranjado

Ingredientes
250 g de galletas María
125 g de azúcar glas
50 g de mantequilla
2 huevos
0,5 l de leche
50 g de fresas
3 naranjas
azúcar glas

Se bate la mantequilla hasta que esté bien cremosa, se añade el azúcar y se vuelve a batir. Se agregan los huevos, uno a uno, y se mezcla bien.

Se pone la leche en un cazo, se añaden las galletas troceadas y se pone a fuego lento; se deja hasta que se forme una papilla, procurando que no llegue a hervir.

Se vierte en un recipiente y se agrega la mezcla de mantequilla y huevos, además del zumo de 2 naranjas. Se mezcla bien y se vierte todo en un molde untado con mantequilla. Primero se cuece al baño María en el fuego durante 25 minutos y luego en el horno 25 minutos más, hasta que quede cuajado.

Se pela la tercera naranja, se separan los gajos y se ponen en un bol; se añaden las fresas, se cubre todo con azúcar glas y se deja macerar durante 2 horas (se pueden agregar 2 cucharadas de kirsch).

Cuando el flan esté frío, se desmolda en un plato de cristal. Se escurren las fresas y los gajos de naranja, y se adorna con ellos el flan.

Flan de castañas

Ingredientes
150 g de harina
5 dl de leche
75 g de mantequilla
60 g de azúcar
2 yemas de huevo
350 g de castañas
media vaina de vainilla
4 cucharadas de nata líquida muy cremosa
3 claras de huevo
azúcar vainillado
sal

En un bol se pone la harina, la mantequilla, las yemas de huevo, una pizca de sal y 1 dl de leche, y se amasa bien con los dedos. Se hace una bola con la masa y se mantiene al fresco durante 2 horas.

Se pelan las castañas y se escaldan para quitar más fácilmente la piel que las cubre. Se trocean y se ponen en una cazuela, junto con 4 dl de leche, la vainilla, 30 g de azúcar y una pizca de sal; se lleva al fuego y se deja cocer lentamente durante 45 minutos.

Se aparta la cazuela del fuego, se saca la vaina de vainilla y se añade la crema de leche; se mezcla bien y se completa con las claras de huevo batidas a punto de nieve.

Se unta un molde con mantequilla y se forra con la pasta reservada, previamente estirada con el rodillo. Se vierte la crema de castañas y se hornea a fuego medio durante 40 minutos aproximadamente. Por último, se saca del horno y se deja enfriar. En el momento de servir, se espolvorea con azúcar vainillado.

Flan a la francesa

Ingredientes
3 huevos
3 cucharadas de azúcar de lustre
2 cucharadas de harina
0,5 l de leche
2 cucharaditas de kirsch
3 cucharaditas de chartreuse verde
3 plátanos
corteza de limón rallada

Se baten los huevos con el azúcar hasta que estén muy espumosos; se añade la harina, desleída previamente con la leche, y se mezcla bien. Se pasa el compuesto por un colador fino y se añade el kirsch y el chartreuse.

Se pelan los plátanos, se cortan en rodajas finas y se agregan al preparado anterior, junto con un poco de corteza de limón rallada.

Se mezcla todo bien, se vierte en una tartera y se hornea a fuego moderado durante 20 minutos. Se sirve frío.

Flan inglés

Ingredientes
0,25 l de zumo de grosellas
125 g de azúcar
5 yemas de huevo
6 bizcochos
0,25 l de nata bien batida

En primer lugar, se elabora un almíbar con el zumo de grosellas y el azúcar.

A continuación, se baten las yemas de huevo y se incorporan los bizcochos rallados. Se añade el almíbar y la nata batida como si fuera crema chantilly; se mezcla bien.

Se unta la flanera con mantequilla y se vierte dentro el preparado anterior; se pone al baño María durante 20 minutos aproximadamente. Se deja enfriar y se desmolda en una fuente.

Flan de leche

Ingredientes
0,5 l de leche
150 g de azúcar
4 huevos
vainilla, canela molida o corteza de limón

Se ponen en un bol los huevos y el azúcar (se reservan 2 cucharadas), y se bate bien.

Se vierte la leche en un cazo y se pone a hervir, junto con el aroma elegido (si se trata de la corteza de limón, en lugar de agregarla a la leche, se mezcla con los huevos).

Cuando la leche hierva, se va incorporando poco a poco la mezcla de huevos y azúcar, removiendo continuamente con una espátula.

Se mezclan las 2 cucharadas de azúcar reservadas con 1 de agua y se vierten en un molde de flan de paredes lisas. Se acerca el molde al fuego y se va inclinando en todas direcciones para que el caramelo, a medida que se va formando, recubra todo el interior del molde. Se deja enfriar.

Se pasa la crema por un colador, se vierte en el molde caramelizado y se pone al baño María. Por lo general, 15 minutos son suficientes para que cuaje el flan.

Flan rápido

Ingredientes
4 huevos
1 bote de leche condensada
1 palo de canela
1 corteza de limón
1 cucharada de azúcar
zumo de limón

Se pone en el fuego un cazo con 0,5 l de agua, la corteza de limón, la canela y la leche condensada. Cuando esté a punto de hervir, se vierte sobre los huevos ya batidos.

Se mezcla todo muy bien y se vierte la preparación en una flanera previamente caramelizada; para caramelizar el molde, basta con ponerlo directamente sobre el fuego con la cucharada de azúcar y unas gotas de zumo de limón.

Se pone en el horno y se deja al baño María durante 35 minutos aproximadamente.

PÚDINES

La principal dificultad de los púdines, o búdines, radica en acertar el punto de cocción: si se cuecen poco, se romperán con facilidad, y si se cuecen demasiado, se secarán.

El pudin estará en su punto cuando se separe fácilmente del molde y ofrezca resistencia al apoyar el dedo en el centro; entonces se saca del horno, pero no se retira del baño María, pues si se desmolda en seguida se parte. A veces es conveniente dejarlo en el molde hasta que esté totalmente frío, pero esto depende de lo que indique la receta y de si se ha de servir templado o frío.

Pudin de avellanas

Ingredientes
100 g de mantequilla
100 g de azúcar de lustre
100 g de avellanas
5 terrones de azúcar
1 huevo
1 yema de huevo
0,25 l de leche
1 cucharada de granos de café tostado
vainilla en polvo
bizcochos

Se machacan las avellanas hasta reducirlas a polvo. En un bol se mezclan las avellanas con el azúcar, la mantequilla y un poco de vainilla; se pasa la mezcla por el tamiz.

Se prepara una crema con los terrones de azúcar, la yema, el huevo entero, la leche y los granos de café. Se pone la crema al fuego y, cuando esté hecha, se pasa por el colador y se une a la pasta de avellanas; se mezcla enérgicamente.

Se forra el interior del molde con bizcochos, se vierte la mitad de la crema y se cubre con más bizcochos.

Al día siguiente se desmolda el pudin y se cubre con la crema restante.

Pudin blanco y negro

Ingredientes
*0,25 l de café concentrado
2 huevos
2 claras de huevo
80 g de azúcar
30 g de mantequilla
25 g de harina
200 g de nata batida*

En un bol se mezcla la mantequilla con la harina y se incorpora poco a poco el café caliente. Se vierte el compuesto en una cazuela y, a fuego moderado, se remueve constantemente hasta obtener una crema homogénea.

Se deja entibiar y luego se añaden, uno a uno, los dos huevos y el azúcar. Se mezcla con cuidado y, por último, se agregan las claras batidas a punto de nieve.

Se unta un molde con un orificio central con mantequilla, se espolvorea con harina, se vierte la crema y se cuece al baño María. Cuando el pudin esté cocido, se deja enfriar y se sirve cubierto con la nata batida.

Pudin de cerezas

Ingredientes
0,5 l de leche
100 g de mantequilla
200 g de pan de molde
100 g de azúcar glas
4 huevos
1 lata de cerezas en almíbar
2 cucharadas de kirsch

Se pone a hervir la leche con la mantequilla troceada. Se corta el pan en cuadraditos, se pone en un bol y se cubre con la leche hirviendo; se tapa y se deja que se hinche durante 25 minutos.

A continuación, se bate hasta obtener una pasta homogénea y luego se añaden los huevos batidos y el azúcar. Se mezcla todo bien.

Se escurren las cerezas y se reserva el almíbar. Se añaden las cerezas a la pasta anterior.

Se unta un molde con mantequilla, se vierte dentro la pasta y se pone al baño María durante 30 minutos.

Transcurrido ese tiempo, se deja enfriar el pudin y se desmolda. Se coloca en la fuente de servir.

Se vierte el almíbar reservado en un cazo, se añade el kirsch y se lleva a ebullición; se deja reducir, pero sin que se convierta en caramelo.

Por último, se recubre el pudin con almíbar.

Pudin de chocolate y nata

Ingredientes
200 g de cacao
200 g de azúcar
200 g de mantequilla
6 cucharadas de harina
1 l de leche
250 g de nata

Se pone la mantequilla en una cazuela, se calienta hasta que se derrita y se añaden, por este orden, el azúcar, la harina y, por último, el cacao; se mezcla bien hasta conseguir una masa bastante espesa.

Se agrega entonces la leche y se remueve lentamente con una cuchara de madera. Se deja que espese la crema y se hierve durante unos minutos.

A continuación, se vierte en un molde para pudin, previamente humedecido, y cuando la masa esté fría se introduce en la nevera.

Antes de servir, se sumerge el molde durante unos instantes en agua caliente y, para desmoldar, se pone boca abajo en una fuente. Se decora con la nata y se sirve.

Pudin de limón

Ingredientes
3 limones
6 huevos
2 cucharaditas de maicena
250 g de azúcar
50 g de almendras crudas
0,25 l de leche
mantequilla

Se dejan los limones en remojo durante 24 horas en agua fría. Después se ponen en un cazo, se cubren de agua y se dejan cocer durante 2 horas. Se escurren, se dejan enfriar y se exprimen.

A continuación, en un bol se baten las yemas de huevo y se añade el azúcar, luego la leche y, por último, el zumo de limón.

Se baten las claras a punto de nieve y se incorporan a la mezcla con mucho cuidado, siempre en sentido ascendente, nunca circular.

Se vierte la masa en un molde untado con mantequilla y se hornea hasta que adquiera consistencia.

Pudin de manzana a la alemana

Ingredientes
0,5 kg de azúcar
50 g de mantequilla
50 g de fécula de patata
14 manzanas reinetas
2 limones

Se pelan las manzanas, se extrae el corazón y se cortan en rodajas. Se ponen en una cazuela, junto con 1 litro de agua y la piel de los limones. Se lleva a ebullición.

Una vez cocidas, se pasan las manzanas por un pasapurés. Se pone el puré en una cazuela, se añade el azúcar, la mantequilla troceada y un poco ablandada, y la fécula diluida antes en un poco de agua. Se mezcla bien sin que se formen grumos.

Se pone la cazuela en el fuego durante 4 minutos sin dejar de remover; transcurrido ese tiempo, se aparta del fuego y se deja enfriar.

Se vierte la mezcla en un molde de bordes lisos untado previamente con mantequilla, se nivela bien y se cuece al baño María durante 45 minutos. Una vez finalizada la cocción, se desmolda el pudin y se sirve.

Pudin de requesón

Ingredientes
*0,5 kg de requesón fresco
200 g de azúcar vainillado
150 g de fruta confitada variada
1 cucharada de harina
3 huevos
30 g de mantequilla
grisines rallados
corteza de naranja confitada
canela*

Se pasa el requesón por un tamiz y se añade el azúcar, la harina, la fruta confitada cortada en trocitos, un pellizco de canela, la corteza de naranja rallada muy fina, las yemas de huevo y, por último, las claras batidas a punto de nieve muy fuerte. Se mezcla todo bien.

Se unta un molde con un orificio central con mantequilla, se espolvorea con grisines rallados y se sacude para eliminar el exceso. Luego se vierte dentro el pudin de requesón.

Por último, se hornea durante 40 minutos aproximadamente.

BAVAROIS, GELATINAS Y MOUSSES

Los bavarois son postres muy finos que resultan aún más delicados si, en lugar de claras de huevo batidas (como para merengue), se utiliza nata batida (crema chantilly) en su elaboración. Conviene que esta nata no sea demasiado concentrada; si lo es, se aclara con un poco de leche cruda. No obstante, si finalmente se opta por las claras, se necesitarán tantas como yemas integren el postre.

Los bavarois se confeccionan de varias formas: con natillas, agregándoles nata o clara batidas, con yemas en almíbar, con almíbar y zumo de fruta, con zumo de fruta y nata batida, etc. Los colores y aromas se pueden combinar de manera que resulten gratos a la vista y al paladar.

Para desmoldar los bavarois se prepara una fuente proporcionada al tamaño del molde; se sumerge este último en agua caliente durante unos segundos, se coloca la fuente encima y se le da la vuelta; con ambas manos se levanta el molde despacio para que el bavarois no se rompa. Conviene saber que no se puede desmoldar antes de 2 horas, pues se rompería.

La cola de pescado es un ingrediente imprescindible de cualquier pudin, pues constituye su elemento ligante, pero también de las gelatinas. En el caso de estas últimas, si al desmoldarlas se rompen, es porque no se ha utilizado suficiente cola. Para remediarlo se derriten 2 o 3 hojas más en la gelatina, que se calienta sin que llegue a hervir. Se vierte de nuevo en el molde y se deja cuajar.

Para que las gelatinas queden muy transparentes es necesario filtrarlas con un trapo de tejido tupido. Las gelatinas se desmoldan como los flanes, pero pasando el molde ligeramente por agua templada.

Por último, las *mousses* son dulces muy ligeros y espumosos elaborados con nata o claras de huevo, pero, a diferencia de los suflés, generalmente no se cuecen y se sirven fríos.

Bavarois a la vainilla

Ingredientes
0,5 kg de nata
1 vaina de vainilla
0,5 l de leche
3 huevos
4 hojas de cola de pescado
150 g de azúcar

En primer lugar, se hierve la leche con la vainilla, se aparta del fuego y se deja enfriar.

En una taza se pone en remojo la cola de pescado durante 10 minutos.

Se ponen las 3 yemas de huevo en un bol, se incorpora el azúcar y se bate con una cuchara de madera hasta obtener una consistencia espumosa; luego se añade lentamente la leche y se retira la vaina de vainilla.

Se pone la crema al fuego y, sin dejar de remover, se espesa sin que llegue a hervir. Se retira del fuego y se deja enfriar.

La cola se derrite a fuego suave, se incorpora a la crema y se mezcla bien.

Se vierte la masa en una fuente y se refrigera en la nevera hasta que empiece a cuajar; se añade entonces la nata y se mezcla delicadamente.

Se humedece un molde de paredes acanaladas y se vierte dentro la crema. Se refrigera de nuevo en la nevera durante 2 horas como mínimo.

Una vez desmoldado, el bavarois se adorna con galletas y bizcochos alrededor.

Bavarois de chocolate

Ingredientes
5 huevos
0,5 l de leche
300 g de nata
100 g de chocolate
150 g de azúcar
4 hojas de cola de pescado
cerezas confitadas o guindas

En una cazuela al fuego se deshace el chocolate con la leche y el azúcar; se aparta del fuego y se añaden las yemas de huevo bien batidas y las hojas de cola de pescado previamente remojadas y escurridas. Se pone la crema al baño María, se revuelve sin parar hasta que espese, teniendo cuidado de que no hierva, se aparta del fuego y se deja entibiar.

Se añade la mitad de la nata, se mezcla, se coloca en un molde untado con aceite de almendras y se refrigera en la nevera.

En el momento de servir, se desmolda y se adorna con la nata restante y cerezas confitadas o guindas.

Aceite de almendras dulces

En pastelería se usa el aceite de almendras dulces para desmoldar más fácilmente las preparaciones frías, pero no debe usarse para los bizcochos, pues al calentarse adquiriría mal sabor.

Con la ayuda de un pincel, se unta el interior del molde con aceite y se coloca boca abajo encima de un plato para que se escurra el sobrante. El molde se impregna ligeramente, sólo lo necesario para que no se pegue el preparado.

El aceite de almendras dulces ha de ser de buena calidad y transparente, y no debe estar rancio, pues entonces el postre tendría mal sabor. No se tiene que reemplazar nunca por aceite refinado, pues, por muy fino que sea, siempre se nota el sabor.

Bavarois de fresas

Ingredientes
0,5 kg de fresas
250 g de azúcar
1 limón
4 hojas de cola de pescado
0,5 l de nata batida

Se pasan por el tamiz las fresas bien lavadas y se incorpora el azúcar, el zumo de medio limón y toda la corteza rallada.

Mientras tanto, se pone en remojo durante 10 minutos la cola de pescado; luego se escurre y se derrite a fuego suave en una pequeña cazuela.

Se incorpora la cola de pescado al puré de fresas y se mezcla bien. Se añade por último la nata y se vierte la crema en un molde, que se pone en el frigorífico durante 3 horas aproximadamente.

Bavarois diplomático

Ingredientes
0,5 l de leche
150 g de azúcar
5 yemas de huevo
4 hojas de cola de pescado
300 g de nata batida
1 copita de curaçao
150 g de mermelada de fresa
100 g de frutas confitadas
1 cucharada de azúcar glas
aceite de almendras

En primer lugar, se pone una cazuela en el fuego y se prepara una crema con las yemas de huevo, el azúcar y la leche.

Por otro lado, se remojan en agua fría las hojas de cola de pescado, se escurren y se incorporan a la crema; se deja enfriar y, cuando comience a espesar, se añade la nata batida mezclando bien.

A continuación, se reparte la crema en dos boles. En uno se añade la mermelada, pasada previamente por el tamiz, y en el otro, la fruta confitada troceada y el curasao.

Se unta ligeramente un molde con aceite de almendras, se escurre bien y se espolvorea con azúcar glas.

Se vierte en el molde la primera crema preparada, es decir, la de mermelada, y cuando esté cuajada se añade la otra crema; si esta última, por la espera, estuviese demasiado cuajada, se pone un momento al calor y se termina de llenar el molde.

El bavarois se introduce en el frigorífico para que cuaje y luego se sirve.

Bavarois moreno

Ingredientes
50 g de café en polvo
0,5 l de leche
4 huevos
200 g de azúcar
250 g de nata batida
media vaina de vainilla
5 hojas de cola de pescado

Se vierte la leche en un cazo, se añade la vainilla y se lleva a ebullición; se aparta luego del fuego y se añade el café, se tapa y se deja en infusión durante 30 minutos aproximadamente.

A continuación, se ponen las yemas en un bol, se agregan 150 g de azúcar y se bate bien; en cuanto estén espumosas, se incorpora la leche y luego las hojas de cola de pescado previamente ablandadas en agua tibia y bien escurridas.

Se mezcla bien y se cocina a fuego moderado hasta que la crema empiece a hervir; se aparta entonces del fuego, se deja enfriar y se agrega la nata endulzada con 50 g de azúcar. Se mezcla delicadamente.

Se vierte en un molde para bavarois y se refrigera en la nevera durante 2 horas aproximadamente.

Gelatina a la naranja

Ingredientes
2 dl de zumo de naranja
1 limón pequeño
0,75 l de agua fría
250 g de azúcar
10 hojas de cola de pescado
1 clara de huevo
vino blanco

Se pone en el fuego una cazuela con el agua y el azúcar, y se remueve continuamente para que el azúcar se deshaga.

Se pone en remojo la cola de pescado en agua fría.

Mientras tanto, se bate la clara de huevo con 2 cucharadas de vino blanco; cuando está espumosa, se añade la corteza de limón rallada y el zumo. Se sigue batiendo y se agreega el zumo de naranja y la cola de pescado ablandada y escurrida.

Se pone todo en la cazuela con el almíbar, a fuego moderado, y se remueve hasta que comience a hervir; entonces, se baja la llama y se deja que continúe hirviendo durante 15 minutos.

Se filtra con un trapo y se recoge la gelatina en un bol; si no queda fina, se repite el filtrado. Se refrigera 2 o 3 horas.

VARIANTES

Gelatina al limón
Se prepara como la gelatina a la naranja, pero, en vez de 2 dl de zumo de naranja, se necesita 1,5 dl de zumo de limón y una naranja pequeña.

Gelatina al coñac o al kirsch
Se prepara igual que la gelatina a la naranja, pero se sustituye el zumo de naranja y el limón por 5 dl de coñac o kirsch.

Gelatina de fresa

Ingredientes
1 kg de fresas muy aromáticas
300 g de azúcar
40 g de cola de pescado
1 limón
carmín vegetal

En primer lugar, se lavan las fresas y se pasan por un cedazo, apretando bien para extraer todo el zumo. Se exprime el limón y se añade su zumo al de las fresas. Se filtra con la ayuda de una servilleta.

Se añade el azúcar y se deja derretir. Se ablanda la cola de pescado en agua fría y se agrega al jugo de fresas, junto con unas gotas de carmín vegetal para que tenga un color más vivo.

Se vierte la mezcla en un molde y se deja cuajar.

Mousse de castañas

Ingredientes
0,5 kg de castañas
100 g de mantequilla
100 g de chocolate
100 g de azúcar
2 yemas de huevo
300 g de nata

Se quita la cáscara de las castañas, se escaldan y se pelan. Se ponen a cocer en una cazuela con un poco de agua y, cuando estén blandas, se pasan por el pasapurés.

Sin dejar que se enfríen se mezclan con el azúcar, la mantequilla, las yemas de los huevos y el chocolate rallado.

Se vierte la mezcla en un bol grande o bien se distribuye en varias copas y se refrigeran en la nevera durante 2 horas aproximadamente.

La mousse se sirve adornada con la nata.

Mousse de chocolate

Ingredientes
*100 g de chocolate rallado
50 g de mantequilla
1 huevo
2 cucharadas de azúcar glas
50 g de nueces
1 cucharada de cacao*

En primer lugar, en un cazo, se pone a derretir el chocolate en el fuego con una cucharada de agua. Una vez disuelto, se añade la mantequilla y el azúcar glas, y se mezcla todo bien.

Se agrega luego la yema de huevo y se trabaja de nuevo. Finalmente, se incorpora la clara batida a punto de nieve removiendo con cuidado.

Se vierte la preparación en un bol de cristal, se espolvorea con el cacao y se incrustan las nueces partidas por la mitad. Se deja enfriar y se sirve.

Mousse de limón

Ingredientes
*150 g de azúcar
4 huevos
1 limón
6 guindas
sal*

En primer lugar, se ralla la cáscara de medio limón y se exprime.

Se ponen en una cazuela las 4 yemas de huevo, junto con el azúcar y el zumo de limón; se mezcla bien con una cuchara de madera. Se pone al baño María durante 15 o 20 minutos removiendo continuamente, hasta que la crema haya doblado su volumen. Se saca la cazuela del baño María y se deja enfriar. Se añade entonces la ralladura de limón.

Por último, se baten las claras a punto de nieve con una pizca de sal y se incorporan a la crema, mezclando suavemente.

Se vierte la crema en copas de cava y se refrigeran en la nevera durante 2 horas aproximadamente.

En el momento de servir se coloca en el centro de cada copa una guinda.

Mousse de naranja

Ingredientes
0,5 l de zumo de naranja
150 g de azúcar
2 cucharadas de maicena
3 huevos
3 cucharadas de cointreau
sal
1 naranja

En primer lugar, se disuelve la maicena en 2 cucharadas de agua fría. En una cazuela se pone el zumo de naranja con el azúcar. Se lleva al fuego y cuando empieza a hervir se añade la maicena y se remueve con una cuchara de madera; se cuece durante 3 minutos aproximadamente.

Se retira del fuego y se deja enfriar; se debe remover de vez en cuando para evitar que se forme una película sobre la superficie.

Se agrega el licor y 2 yemas de huevo. Se mezcla bien.

Se baten las claras de los 3 huevos, con un pellizco de sal, a punto de nieve y se incorporan a la crema con mucho cuidado, moviendo despacio.

Se vierte la mousse en un bol de cristal y se refrigera en la nevera durante 3 horas aproximadamente.

En el momento de servir se adorna con rodajas de naranja.

SUFLÉS

El secreto de los suflés es batir las claras de huevo correctamente, esto es, a punto de nieve muy fuerte, e incorporarlas a la masa en el último momento, mezclándolas de abajo arriba, nunca en sentido circular. El suflé no puede hacerse con anticipación, pues se desinfla, y hay que servirlo recién sacado del horno.

También es necesario utilizar un molde adecuado, de porcelana o refractario, de bordes altos y lisos, que se untan con abundante mantequilla y se espolvorean ligeramente con harina.

La temperatura del horno suele ser de 180-200°, pero también se puede preparar el suflé al baño María (tapado herméticamente) a fuego bajo, para que el agua, que debe estar hirviendo al introducir el molde, mantenga sólo un ligero hervor. La cocción mediante este procedimiento dura alrededor de 1 hora y media. Como alternativa, se pueden utilizar moldes pequeños, que se colocarán en la placa del horno y necesitarán de 8 a 12 minutos de cocción.

Suflé al ron

Ingredientes
4 huevos
75 g de azúcar
20 g de mantequilla
20 g de harina de arroz
0,5 l de leche
1 copa de ron

Se ponen en un bol las yemas de huevo, el azúcar, la mantequilla, la harina de arroz y el ron. Se trabajan bien todos los ingredientes con la ayuda de una espátula y después se incorpora la leche.

Una vez bien mezclado, se añaden las claras batidas a punto de nieve, se amalgama bien y se vierte la preparación en un molde adecuado.

Se hornea a temperatura media durante 15 o 20 minutos.

En el momento de servir se rocía el suflé con ron, se prende fuego y se sirve aún flameando.

Suflé de avellanas

Ingredientes
3 dl de leche
125 g de azúcar
6 huevos
75 g de avellanas
3 cucharadas de azúcar glas
media vaina de vainilla

En primer lugar, se pulverizan las avellanas y se reservan.

Se hierve la leche y se agrega la vainilla y las avellanas. Se baten las yemas de 5 huevos y se incorporan a la leche. Se pone la cazuela al baño María y se cocina hasta que la crema espese. Se aparta entonces del fuego y se deja enfriar.

Mientras, se baten las claras de los 6 huevos a punto de nieve fuerte con 1 cucharada de azúcar glas y se mezclan con la crema, removiendo despacio con una espátula de madera.

Se vierte la crema en un molde untado con mantequilla y se hornea durante 20 minutos.

Suflé de castañas

Ingredientes
200 g de crema de castañas
50 g de mantequilla
1 cucharada de cacao en polvo
4 claras de huevo
2 cucharadas de azúcar de lustre
vainilla en polvo
sal

En una cazuela en el fuego se derrite la mantequilla, se añade entonces la crema de castañas y se mezcla bien. Se incorpora luego el cacao y una pizca de vainilla, y se amalgama todo bien.

Se baten las claras a punto de nieve con una pizca de sal y se mezclan con la crema de castañas cuidadosamente.

Se unta un molde con mantequilla, se vierte dentro la preparación y se hornea a una temperatura elevada durante 30 minutos.

Se desmolda el suflé y se espolvorea con azúcar glas. A continuación, se sirve.

Suflé de vainilla

Ingredientes
40 g de mantequilla
50 g de harina
100 g de azúcar
4 huevos
1 vaina de vainilla
0,25 l de leche

En un cazo se vierte la leche junto con la vaina de vainilla y el azúcar. Se reserva.

En una cazuela en el fuego se pone la mantequilla y, cuando esté derretida, se agrega la harina, se mezcla bien, se aparta del fuego y se deja enfriar.

Mientras tanto se calienta la leche. Cuando la mezcla de mantequilla y harina esté fría, se incorpora la leche caliente poco a poco, removiendo con una espátula de madera hasta que se forme una crema espesa y muy lisa.

Se pone la cazuela en el fuego y se trabaja la crema hasta que empiece a hervir; entonces, se retira del fuego y se deja enfriar un poco.

A los 5 minutos aproximadamente se añaden las yemas de huevo, una a una, batiendo enérgicamente para que el calor de la crema no las coagule. Se deja reposar la preparación, tapada y en un lugar fresco, para que no se forme una corteza en la superficie.

Poco antes de servir el suflé se baten las claras a punto de nieve y se incorporan a la crema con cuidado. Se vierte en un molde untado con mantequilla, sin llenarlo del todo, y se hornea durante media hora aproximadamente. Se sirve.

Suflé sencillo

Ingredientes
100 g de azúcar
3 huevos
ralladura de corteza de limón
1 cucharada de maicena
mantequilla

Se ponen las yemas de los 3 huevos, el azúcar y la ralladura de limón en un cazo, y se trabajan en frío con una espátula hasta obtener una masa cremosa y blanquecina.

Se añade 1 cucharada rasa de maicena y, poco antes de servir, se baten las claras a punto de nieve, se mezcla todo bien y se vierte en un molde untado con mantequilla.

Se hornea a temperatura algo fuerte y se sirve en cuanto esté esponjado.

Masas fritas: buñuelos, crepes, torrijas...

Para que las masas fritas resulten buenas se requiere, además de una correcta elaboración, que se frían en abundante grasa, preferentemente en aceite de oliva virgen extra, excepto las crepes, que se fríen en una nuez de mantequilla. El punto adecuado para freír es cuando el aceite empieza a echar humo.

Se le da el nombre de buñuelo a todo lo que, envuelto en masa para freír, se fríe en aceite. Hay buñuelos azucarados de fruta (albaricoque, manzana, plátano, piña...) y buñuelos de viento, que son sólo la pasta frita en mucho aceite.

La clave para elaborar unos buñuelos deliciosos es dejar reposar la pasta antes de usarla; de este modo, resulta más ligera y fina, sin grumos, y se esponja más. La pasta de buñuelos nunca se pone en el frigorífico, aunque se haya preparado el día anterior.

Las crepes, postre de origen francés, son muy parecidas a las hojuelas españolas, los frixuelos de Asturias y las filloas de Galicia. Se trata de una torta más o menos delgada que se cocina en una sartén o una plancha especial; si son sumamente delgadas y se consumen en seguida, resultan deliciosas.

La pasta de las crepes está compuesta esencialmente de harina y huevos, y se puede diluir con leche o agua. Para freírla, se derrite una nuez de mantequilla en una sartén y se mueve para que el fondo quede totalmente impregnado. Cuando la sartén está caliente, se vierten 2 cucharadas de pasta de modo que recubran todo el fondo. A fuego moderado, se agita la sartén con un movimiento de vaivén para que la crepe no se pegue. Cuando se despega fácilmente, es señal de que ya está hecha por una cara. Con la ayuda de una espátula flexible se le da la vuelta, o bien se gira en el aire (se desliza la crepe hasta el borde de la sartén y con un brusco movimiento de muñeca se le da la vuelta en el aire y se recoge de nuevo con mucha destreza en la sartén). Se deja en el fuego 1 o 2 minutos, moviendo de vez en cuando para evitar que se pegue, y ya estará lista.

Las crepes se presentan, siempre muy calientes, o bien extendidas, o bien enrolladas o dobladas en dos o cuatro y espolvoreadas con azúcar glas. También se pueden rellenar con mermelada, crema, chocolate... Para ello, en cuanto están hechas, se extienden encima del mármol, se pone una cucharada del relleno y se doblan. Si se quieren flamear, se colocan en una fuente, se rocían con un poco del mismo licor que lleve la pasta y se prenden en el momento de servirlas.

Masa de buñuelos

Ingredientes
150 g de harina
1 clara de huevo
sal
aceite de oliva virgen extra

Se pasa la harina por el tamiz, se coloca en una superficie de trabajo, se ahueca el centro y se vierte dentro 1 cucharada de aceite y una pizca de sal. Con la ayuda de una cuchara de madera y sin dejar de remover, se añaden poco a poco 2 dl de agua tibia hasta obtener una pasta lisa.

Se deja reposar unas 2 horas. En el momento de emplear la masa se incorpora la clara de huevo batida a punto de nieve.

Buñuelos azucarados

Ingredientes
175 g de harina
1 clara de huevo
1 dl de cerveza
15 g de azúcar
1 cucharada de ron o coñac
mantequilla
sal
aceite de oliva virgen extra

En una cazuela, se derrite la mantequilla al baño María. Se pone la harina en una superficie de trabajo, se ahueca el centro y se vierte dentro una pizca de sal, la mantequilla derretida, el licor y el azúcar. Se añade poco a poco 1 dl de agua y la cerveza, mezclando todos los ingredientes hasta obtener una pasta lisa.

Se deja reposar unas 2 horas aproximadamente. En el momento de utilizar la masa se añade una clara batida a punto de nieve.

Buñuelos de leche

Ingredientes
150 g de harina
1 huevo
30 g de mantequilla
1 dl de leche
medio sobre de levadura en polvo
1 cucharada de coñac
sal

En primer lugar, se derrite la mantequilla al baño María. A continuación, se echa la harina en una superficie de trabajo, se ahueca el centro y se vierte el coñac, una pizca de sal, la mantequilla, el huevo y la levadura. Se mezclan bien todos los ingredientes y se va añadiendo poco a poco la leche.

Antes de utilizarla, esta masa debe reposar durante 2 horas aproximadamente.

Buñuelos a la milanesa

Ingredientes
200 g de harina
100 g de mantequilla
5 huevos
corteza rallada de 1 limón mediano
sal
azúcar glas
vainilla en polvo
aceite de oliva virgen extra

En primer lugar, se pasa la harina por un tamiz y se reserva.

En una cazuela en el fuego se pone 0,25 l de agua, junto con la mantequilla y la sal. Cuando empiece a hervir, se incorpora la harina tamizada y se remueve con una espátula de madera; sin retirar la cazuela del fuego se continúa trabajando la masa, que va espesando, hasta que se despegue fácilmente de la espátula. Se aparta entonces la cazuela del fuego y se deja reposar la masa unos minutos.

A continuación, se agrega 1 huevo y se trabaja la masa hasta que lo absorba; se repite la operación con cada huevo. Se añade la corteza de limón rallada y una pizca de vainilla en polvo; se mezcla bien.

Para freír los buñuelos, se pone abundante aceite en la sartén; cuando esté caliente, se van echando cucharaditas de pasta y se fríen lentamente. Se observará que, a medida que se van friendo, los buñuelos doblan su tamaño y se dan la vuelta solos al quedar bien huecos. Se aumenta la intensidad del fuego para que tomen color y, una vez dorados, se escurren.

Buñuelos de viento

Ingredientes
150 g de harina
50 g de mantequilla
3 huevos
125 dl leche
125 dl agua
corteza de limón
sal

En una cazuela se pone el agua, la leche, la mantequilla, la corteza de limón y una pizca de sal. Cuando empiece a hervir, se incorpora la harina, removiendo con una espátula hasta formar una masa que se desprenda de las paredes de la cazuela.

Se retira del fuego y se deja reposar 5 minutos; luego se sigue trabajando y se agregan los huevos uno a uno.

Se calienta aceite en una sartén y se van echando pequeñas cantidades de masa. Los buñuelos se deben freír muy lentamente para que adquieran volumen. Cuando estén fritos e hinchados se aumenta la intensidad del fuego para que se doren.

Se espolvorean con azúcar y se sirven fríos; se pueden rellenar con crema.

Buñuelos del Ampurdán

Ingredientes
1 kg de harina de fuerza
50 g de levadura
100 g de mantequilla
150 g de azúcar
4 huevos
canela molida
sal
vainilla
granos de anís
65 dl de leche

Sobre un mármol se forma un volcán con 250 g de harina; en el hueco del centro se vierte la levadura prensada y ablandada con una cantidad prudente de agua, y se amasa un poco para repartirla de forma homogénea. Se forma una bola y se deja fermentar tapada con un paño durante 30 minutos.

Se forma aparte otro volcán con el resto de la harina y en el centro se coloca la mantequilla, el azúcar, los huevos, una pizca de canela y otra de sal, la vainilla, los granos de anís machacados y la leche. Se mezcla todo, se añade la masa de levadura preparada anteriormente y se trabaja hasta conseguir una masa blanda, pero seca, que se despegue fácilmente de las manos. Se deja fermentar durante 30 minutos en un recipiente untado con aceite y tapado con un paño.

Se extiende luego la pasta sobre el mármol engrasado con aceite, se forman bolitas o rosquillas y se fríen con aceite de oliva bien caliente. Cuando estén doradas, se escurren y se rebozan con azúcar.

Crepes sencillas

Ingredientes (para unas 12 crepes)
125 g de harina
3 huevos
30 g de mantequilla
2,5 dl de leche
15 g de azúcar
5 g de sal
2 cucharaditas de ron
2 cucharaditas de agua de azahar

En un bol se pone la harina, se hace un hueco en el centro y se vierten dentro los huevos, el azúcar y la sal. Con la ayuda de una espátula se remueve bien.

Se hierve la leche en un cazo, se aparta del fuego y se añade la mantequilla troceada para que se derrita. Se incorpora la leche a la pasta anterior, se añade el ron y el agua de azahar y, finalmente, se pasa por un colador chino.

Se deja reposar la masa durante media hora como mínimo y luego ya se puede usar.

Crepes al whisky

Ingredientes (para unas 12 crepes)
200 g de harina
50 g de azúcar de lustre
5 huevos
0,5 l de leche
75 g de mantequilla
sal fina
1 copa de whisky
2 dl de crema fresca líquida

Para la salsa
60 g de azúcar
1 copa de whisky
60 g de mantequilla

Se prepara la masa de las crepes como se indica en la receta de crepes sencillas (véase pág. 98) y se deja reposar 1 hora.

En una sartén en el fuego se derriten 25 g de mantequilla y se añade, junto con 1 copa de whisky, a la masa; se mezcla bien.

Se fríen las crepes y se reservan calientes hasta que estén todas hechas.

En un cazo se derriten 50 g de mantequilla, se agregan 60 g de azúcar de lustre y la otra copa de whisky, y se mezcla bien.

Se dobla cada crepe en cuatro y se cubren con la salsa de whisky. Se sirven acompañadas con crema fresca.

Crepes con plátano

Ingredientes (para unas 12 crepes)
200 g de harina
0,25 l de leche
medio sobre de levadura en polvo
2 cucharadas de aceite
100 g de mantequilla
vainilla en polvo

Para el relleno
3 plátanos
6 almendrados pequeños
1 dl de marrasquino
100 g de mermelada de albaricoque
100 g de azúcar de lustre

Se prepara la pasta para las crepes según se explica en la receta de las crepes sencillas (véase pág. 98) y se aromatiza con una pizca de vainilla; se deja reposar durante 1 hora.

Se desmenuzan los almendrados, se agregan a la pasta y se hacen las crepes.

Se pelan los plátanos y se cortan en rodajas muy finas. Se calienta una sartén con mantequilla y se saltean rápidamente las rodajas de plátano. Se aparta la sartén del fuego y se agrega la mermelada de albaricoque y el marrasquino.

Se rellenan las crepes con esta salsa, se enrollan, se colocan en una fuente, se espolvorean con azúcar de lustre y, finalmente, se hornean a fuego fuerte para que se caramelicen.

Crepes *suzette*

Ingredientes
25 g de mantequilla
2 cucharadas de curaçao
2 cucharadas de azúcar
10 cucharadas de zumo de naranja
2 cucharadas de ron o coñac

Se pone la mantequilla en una sartén; cuando está derretida, se añade el curasao, el azúcar y el zumo de naranja, se deja cocer un poco y se colocan dentro de esta salsa 6 o 7 crepes dobladas en cuatro.

Cuando están bien calientes, se añaden 2 cucharadas de ron o coñac y se flamea. Las crepes se sirven en seguida cubiertas con la salsa caliente.

Hojas al limón

Ingredientes
0,25 l de leche
125 g de harina
1 huevo
25 g de sémola
1 limón
90 g de azúcar glas
sal
aceite de oliva virgen extra

Se ralla la corteza del limón, se echa en la leche y se lleva a ebullición. Se deja enfriar.

Mientras tanto, se forma un volcán con la harina en un bol y en el hueco central se añade el huevo, una pizca de sal y el azúcar. Se mezcla con una cuchara de madera, poco a poco, hasta obtener una masa lisa. Se vierte lentamente la leche y se mezcla con un batidor.

Se pasa la masa por un colador chino y se deja reposar en un bol durante 1 hora.

Se derrite la mantequilla y se incorpora a la masa.

Se engrasa con aceite una sartén y se pone en el fuego. Cuando esté caliente, se vierte un cucharón pequeño de masa, se reparte bien por toda la sartén y, cuando la hoja esté seca por un lado, se le da la vuelta y se cocina por el otro.

Se van colocando las hojas en un plato y se espolvorean con azúcar.

Hojuelas dulces de arroz

Ingredientes
1 l de leche
200 g de arroz
10 g de levadura de cerveza
150 g de azúcar
sal
canela molida
aceite de oliva virgen extra

Se pone el arroz en una cazuela, se cubre con la leche y 0,5 l de agua, se sala y se lleva a ebullición; a continuación, se mete el recipiente en el horno hasta que el líquido se haya evaporado por completo.

Se saca del horno y se añade la levadura de cerveza diluida en 2 cucharadas de agua tibia. Se mezcla bien, para amalgamar la levadura con el arroz, y después se vuelve a meter la cazuela en el horno, ya apagado pero no totalmente frío, para que fermente.

A continuación, se pone en el fuego una sartén con aceite y se echa la masa de arroz a cucharadas; se fríen las hojuelas por ambos lados, se colocan sobre papel absorbente y se espolvorean con azúcar mezclada con canela.

Rosquillas de anís

Ingredientes
100 g de mantequilla
100 g de azúcar
2 huevos
1 copa de anís
harina
azúcar
aceite de oliva virgen extra

Se funde un poco la mantequilla en una sartén y se mezcla con el azúcar; se trabaja bien hasta obtener una crema fina. Seguidamente se añaden los huevos, un poco batidos, y el anís.

Cuanto está todo bien mezclado, se va agregando harina (la cantidad que admita) hasta formar una pasta que no se pegue con los dedos, aunque tampoco debe quedar dura.

Se toman reducidas cantidades de pasta, se forman pequeños cilindros con las manos sobre el mármol y se enroscan. Se fríen las rosquillas en una sartén con abundante aceite muy caliente, se escurren bien y se espolvorean con azúcar.

Estas rosquillas se pueden servir frías o calientes; se conservan bien durante unos días.

Rosquillas de naranja

Ingredientes
2 naranjas
2 huevos
60 g de azúcar
1 copa de cazalla
200 g de harina

Se exprimen las naranjas, se vierte el zumo en un bol y se incorporan los huevos batidos, el azúcar, la cazalla y la harina. Se trabaja todo con una espátula y cuando esté bien unido se amasa sobre un mármol, hasta que quede una pasta fina.

Se enrolla la pasta y se le da la forma de un cilindro. Con un cuchillo se parten porciones de unos 2 cm de espesor y se forman las rosquillas, haciendo el agujero con un dedo.

Se fríen en una sartén con aceite muy caliente. Por último, se espolvorean con azúcar.

Torrijas de miel

Ingredientes
400 g de pan inglés del día anterior
400 g de miel
50 g de azúcar
10 g de canela molida
0,25 l de leche
1 dl de málaga o moscatel
2 huevos
1 limón
aceite de oliva virgen extra

Se elimina la corteza del pan y se corta en rebanadas de 2 cm de grosor. Se rocían con el vino y se espolvorean con la canela.

Se pone la leche a hervir, junto con el azúcar y la corteza del limón. Se deja enfriar.

Mientras tanto, se baten los huevos. Una vez fría la leche, se pasan las rebanadas de pan por ella y luego por el huevo batido; se fríen en abundante aceite. Cuando están doradas, se escurren bien y se colocan en una fuente.

Se calienta la miel y se vierte encima de las torrijas, que se pueden servir frías o calientes.

Torrijas de Santa Teresa

Ingredientes
12 rebanadas de pan
0,5 l de leche
75 g de azúcar
2 huevos
1 palo de canela
canela molida
harina
aceite de oliva virgen extra

Se pone a calentar la leche con el azúcar y el palo de canela, teniendo cuidado de que no llegue a hervir.

Se dejan las rebanadas de pan en remojo en la leche durante 1 hora; luego se pasan por harina y huevo batido.

Se fríen en una sartén con abundante aceite caliente, se escurren y se colocan en una fuente. Por último, se espolvorean con azúcar y canela en polvo.

Torrijas de vino

Ingredientes
8 rebanadas de pan
1 huevo
2 cucharadas de leche condensada
45 g de azúcar
0,25 l de vino blanco
1 palo de canela
aceite de oliva virgen extra

Se diluye la leche condensada en 0,25 l de agua y se remojan las rebanadas de pan. Se pasan luego por huevo batido y se fríen en aceite muy caliente, hasta que estén doradas.

Se ponen las torrijas en una fuente refractaria. Se mezcla en un bol el azúcar y el vino, y se añade el palo de canela. Se vierte esta mezcla sobre las torrijas y a continuación se hornean durante unos minutos.

Se sirven calientes y, si se desea, se pueden acompañar con nata azucarada.

Galletas y pastas

Se conoce como galleta la pasta compuesta por harina, azúcar, huevo, mantequilla y algunas veces confitura, que, dividida en trozos pequeños y moldeados en formas diversas, se hornean a fuego moderado. Es necesaria una vigilancia constante para evitar que las galletas se tuesten unas más que otras.

Si se dispone de cortapastas de varios tamaños y formas se conseguirá una gran variedad de galletas.

Las galletas se dejan enfriar sobre una rejilla y sirven como acompañamiento de té, café con leche, como postres, etc. Este tipo de pastas puede conservarse durante mucho tiempo en buenas condiciones.

Galletas campesinas

Ingredientes
240 g de harina de avena
120 g de harina de trigo
50 g de azúcar
180 g de miel
2 huevos
2 cucharaditas de levadura en polvo
sal

Se ponen en un bol todos los ingredientes, excepto la miel y los huevos. Se mezclan bien y se forma un volcán; se echa en el centro los huevos batidos y la miel caliente; se amasa bien.

Se unta una placa de horno con mantequilla y se espolvorea con harina. Se colocan encima cucharadas de pasta dejando espacio entre ellas. Se hornean a fuego medio durante 20 minutos aproximadamente.

Galletas con pasas

Ingredientes
*300 g de harina
150 g de mantequilla
100 g de pasas de Corinto
100 g de azúcar
medio limón
1 huevo
sal*

En primer lugar, se ponen a ablandar las pasas en agua tibia. Se ralla la corteza del limón y se exprime; se reservan.

Mientras tanto, se forma con la harina un volcán sobre la superficie de trabajo, se ahueca el centro y se vierte dentro una pizca de sal, el azúcar, 120 g de mantequilla previamente ablandada, el zumo de limón y 1 cucharada de ralladura de limón. Se amasa bien, hasta que la pasta resulta elástica y consistente.

Con la ayuda del rodillo, se extiende la masa sobre una superficie enharinada; se forma un rectángulo y se corta en dos partes.

Se esparcen las pasas bien escurridas sobre uno de los rectángulos y se cubre con el otro; se pasa por encima el rodillo para que las dos capas de pasta se adhieran bien.

Se pinta la superficie con huevo batido con la ayuda de un pincel y se coloca el rectángulo sobre una placa de horno untada con mantequilla. Se hornea a una temperatura alta hasta que esté dorada. Finalmente, se corta en rectángulos de 2 cm de ancho aproximadamente.

Galletas marineras

Ingredientes
150 g de mantequilla
300 g de azúcar moreno
400 g de harina
1 huevo
125 g de nueces enteras
25 g de nueces picadas
sal
bicarbonato

Se prepara una crema en un bol batiendo la mantequilla con el azúcar. Después se añade el huevo y se mezcla bien durante 10 minutos.

A continuación, se tamiza la harina junto con un pellizco de bicarbonato y otro de sal, y se incorpora a la crema, batiendo suavemente; por último, se añaden las nueces picadas.

Sobre una superficie de trabajo enharinada se echa la pasta y se forma un bollo; se envuelve con un papel de barba previamente untado con mantequilla y se refrigera en la nevera durante 8 horas.

Pasado ese tiempo, se forman bolitas con la pasta, se aplastan un poco y en el centro de cada galleta se pone media nuez. Se colocan las galletas, bastante separadas unas de otras, sobre una placa de horno untada con mantequilla y se hornean a fuego medio durante 10 o 15 minutos.

Tejas

Ingredientes
125 g de harina
125 g de azúcar
180 g de nata
2 claras de huevo

En un bol se mezcla el azúcar con la harina. Se baten las claras a punto de nieve, se incorporan a la mezcla junto con la nata y se amasa todo bien.

Se unta una placa de horno con mantequilla, se distribuyen encima porciones de masa y se hornea durante 10 minutos, primero a una temperatura suave y luego fuerte.

Por último, una vez transcurridos los 10 minutos, se sacan las galletas del horno y, todavía calientes, se enrollan para formar las tejas.

Tejas con limón y naranja

Ingredientes
125 g de almendras molidas
125 g de azúcar glas
50 g de harina
60 g de corteza de naranja confitada
2 huevos
1 limón

En primer lugar, se pica no muy fina la corteza de naranja confitada y se ralla la corteza del limón; se reserva. En un bol se ponen las almendras, la corteza de naranja, el azúcar, las claras de los 2 huevos, la yema de uno de ellos y la ralladura de limón. Se mezclan bien todos los ingredientes y, por último, se incorpora la harina en dos o tres veces.

Se unta con mantequilla una placa de horno y se colocan encima montoncitos de pasta. Se hornean a fuego medio durante 10 minutos. Después, se sacan las galletas del horno y, todavía calientes, se enrollan para obtener la forma de las tejas.

Magdalenas

Ingredientes
270 g de mantequilla
250 g de azúcar de lustre
250 g de harina
6 huevos
1 copita de ron
1 limón

En primer lugar, se ralla una cuarta parte del limón. Se ponen en un recipiente hondo los huevos, el azúcar y la ralladura de limón. Se bate la mezcla durante unos 20 minutos, hasta que quede muy esponjosa.

Se añade entonces la copita de ron, batiendo un poco más. A continuación, se agrega la mantequilla semilíquida, pero fría, y la harina, removiendo despacio el preparado con la ayuda de una espátula.

Una vez bien mezclada la masa, se vierte en moldes de magdalenas untados con mantequilla y se hornean a una temperatura elevada durante 15 o 20 minutos.

Magdalenas rellenas

Ingredientes
250 g de mantequilla
250 g de harina
250 g de azúcar de lustre
10 huevos
sal
esencia de limón, ron o agua de azahar
mermelada de albaricoque muy espesa

Se trocea la mantequilla y se calienta en un cazo hasta que esté semilíquida.

A continuación, se pone en un bol la harina, el azúcar, la sal y los huevos, y se mezclan todos los ingredientes con la ayuda de una espátula. Se añade la mantequilla y la fragancia escogida.

Se untan los moldes con mantequilla y se vierte en ellos el preparado anterior hasta llenar las dos terceras partes. Se hornean a una temperatura elevada durante 15 o 20 minutos.

Cuando las magdalenas estén hechas, se colocan sobre una rejilla y, una vez frías, con la ayuda de un cuchillo se hace un agujero en el centro de cada una y se rellena con un poco de mermelada de albaricoque.

Pastitas de té

Ingredientes
0,5 kg de harina
125 g de mantequilla
2 huevos
media tacita de leche
medio limón
sal

Se pone la harina sobre la superficie de trabajo en forma de volcán y en el hueco del centro se vierte la mantequilla, previamente ablandada, la yema de un huevo, la leche, la ralladura del medio limón y una pizca de sal. Se amasa muy bien, hasta que se forme una pasta fina que no se pegue en los dedos.

Con la ayuda del rodillo se extiende la pasta sobre la superficie de trabajo espolvoreada con harina hasta que tenga unos 2 cm de grosor.

Con un cortapastas se cortan pedacitos de la masa, se colocan sobre una placa de horno untada con mantequilla y se pintan con huevo batido.

Se hornean a una temperatura suave. Se sacan del horno antes de que se doren demasiado, para que no queden demasiado duras.

Pastas de té con coco

Ingredientes
300 g de azúcar
250 g de coco rallado
5 claras de huevo
1 vaina de vainilla

Se mezclan en una cazuela las claras de huevo con el azúcar y se calientan al baño María. Cuando estén bien calientes, se incorpora el coco rallado y se aromatiza con vainilla.

Se distribuye esta masa en partes iguales sobre un papel parafinado impregnado de mantequilla y se hornea a fuego suave durante 40 minutos aproximadamente.

HOJALDRES

El hojaldre es probablemente una de las masas más difíciles de elaborar, que requiere paciencia y destreza. No obstante, con esta masa crujiente se confeccionan postres muy apreciados. A continuación se presenta el proceso de elaboración del hojaldre, junto con indicaciones para conseguir una pasta excelente.

Ingredientes
350 g de harina de hojaldre
250 g de mantequilla
1 dl de agua fría
media cucharadita de sal

La masa no debe prepararse en un sitio demasiado caliente, sino fresco, y la harina ha de ser de primera calidad, para que la masa no resulte correosa. La mantequilla, que tiene que estar dura, se coloca en un paño espolvoreado con harina y se manipulará hasta que esté suave.

La harina, pasada por el tamiz, se coloca sobre la mesa en forma de volcán. En el hueco del centro se vierte el agua y se añade la sal. Para mezclar se va recogiendo la harina con una espátula y se va llevando hacia el centro. Algunas veces, en función del tipo de harina, se necesita un poco más de agua; si se requiere, se puede añadir otra cucharada. Con las manos se forma un pan, pero no se debe amasar, sino que hay que tomar porciones de masa y aplastarlas contra la mesa; cuando se haya trabajado toda la masa de esta forma, se hace una bola suave y blanda, y se deja sobre un plato espolvoreado con harina durante 15 minutos aproximadamente.

Una vez ha descansado la masa, se espolvorea la mesa con un poco de harina, se coloca sobre ella la masa y se extiende primero un poco con la mano y después con el rodillo, hasta formar un cuadrado de 20 cm de lado y 1 de grosor. En el centro de esta pasta se coloca la mantequilla y se aplasta un poco con el rodillo.

Se toman dos extremos de masa y se doblan sobre la mantequilla. Se presiona un poco con las manos y luego se hace lo mismo con los otros dos extremos; se deja reposar nuevamente durante 15 minutos.

Se espolvorea otra vez la mesa con harina y se aplana la masa encima. Los bordes se igualan con un cuchillo, pero sin cortar la masa, sólo empujándola hacia dentro. Y se ini-

cian las vueltas. Una vez igualada la masa, se le da la primera vuelta. Se vuelve a espolvorear la mesa con harina, se pone en el centro la masa y se espolvorea también. Se estira con el rodillo hacia los lados, empujándola con el cuchillo siempre que se desiguale. Cuando ha quedado extendida en una tira de unos 50 o 60 cm de largo por unos 30 de ancho, se dobla en tres, un extremo sobre el centro y el otro sobre el primero, y se deja reposar 15 minutos. Seguidamente, la masa se aplana de nuevo con el rodillo para que se peguen los tres dobleces. Se repite la operación, pero colocando la masa en el sentido contrario, es decir, doblando sobre la cara posterior de la primera vuelta. Se igualan siempre los bordes con el cuchillo. Finalmente se deja reposar al fresco 10 minutos más.

De este modo se han dado dos vueltas al hojaldre. Generalmente se le dan seis, con un tiempo de reposo cada dos de 15 minutos, y colocando siempre la masa en sentido contrario a como se ha doblado la vuelta anterior. A partir de la quinta vuelta el hojaldre está listo para ser utilizado.

Pasta hojaldrada (medio hojaldre)

Ingredientes
250 g de harina de hojaldre
200 g de margarina
1 yema de huevo
1 limón
1 dl de agua
sal

Sobre la mesa se forma un círculo con la harina y en el centro se pone la yema, el zumo de medio limón, el agua, 5 g de sal y una bolita de margarina. Con una cuchara se va recogiendo la harina hacia el centro y cuando no queda líquido se amasa con las manos para lograr una masa fina y suave. Se trabaja durante 5 minutos, se forma un pan y se deja reposar 10 minutos al fresco.

El resto de la margarina se introduce en agua fría 10 minutos, luego se trabaja con la mano hasta que esté fuerte y suave a la vez, se hace una bola y se deja un rato más en el agua.

Una vez reposada la masa, se espolvorea con harina y se extiende en todas direcciones hasta lograr una plancha de 1 cm de grosor. Se saca la margarina del agua, se espolvorea con un poco de harina y se pone en uno de los extremos de la masa; se envuelve con ella, se estiran los extremos de la masa con el rodillo y se doblan hacia el centro, absorbiendo la juntura de la masa; se aplana ligeramente con el rodillo. Se cubre después con un paño y se deja reposar al fresco durante 5 minutos.

Se vuelve a espolvorear la mesa de trabajo con harina y se estira la pasta hasta conseguir una lámina de unos 30 cm de largo, 40 de ancho y medio de grosor, procurando pasar el rodillo de modo que se reparta bien la margarina.

Se hacen tres dobleces y se procede como en la receta anterior. Se deja en reposo 1 hora y ya estará lista para usar.

Canutillos de hojaldre

Ingredientes
300 g de masa de hojaldre
1 vaso de crema pastelera
1 huevo
3 cucharadas de azúcar glas

Se estira la masa de hojaldre sobre la mesa con el rodillo y se forman láminas de unos 3 mm de espesor. Se extraen tiras de unos 2 cm de ancho por 15 de largo.

Estas tiras se enrollan sobre moldes en forma de cono, desde el vértice hasta la base, y se untan con huevo batido. Para que la masa no se pegue los moldes deben mojarse previamente con agua fría.

Se colocan sobre una placa de horno, también humedecida, y se cuecen a fuego fuerte durante 25 o 30 minutos. Cando se han dorado, se retiran del horno, se espolvorean con azúcar glas y se vuelven a introducir unos minutos más.

Al sacarlos se pueden retirar los moldes y se rellenan con la crema pastelera con la ayuda de la manga pastelera de boquilla lisa.

Hojaldrada de frutas

Ingredientes
3 manzanas
3 peras
3 plátanos
0,5 kg de harina
2 huevos
150 g de mantequilla
300 g de azúcar
3 cucharadas de chocolate en polvo

Se amasa la harina con los huevos, 150 g de azúcar y 50 g de mantequilla recién derretida, hasta obtener una pasta elástica y blanda; se añaden unas cucharadas de agua. Se trabaja enérgicamente y se deja reposar durante 2 horas envuelta en una servilleta.

Mientras tanto, se corta en rebanadas muy delgadas toda la fruta, se pone en un bol y se espolvorea con 50 g de azúcar y el chocolate.

Se hierve agua con 100 g de azúcar durante 5 minutos, hasta obtener un almíbar espeso.

Se forman con la pasta 6 panecillos y se estira cada uno formando discos planos de 20 cm de diámetro aproximadamente. Se coloca el primer disco en el fondo de un molde untado con mantequilla, se cubre con una capa de fruta y se rocía con un poco de almíbar y un poco de mantequilla derretida. Se coloca seguidamente otro disco de pasta, otra capa de fruta rociada con almíbar y mantequilla, y se prosigue en el mismo orden hasta agotar los ingredientes; se finaliza con un disco de pasta.

Se hornea la hojaldrada durante 90 minutos aproximadamente.

Milhojas

Ingredientes
300 g de harina
300 g de mantequilla
150 dl de agua
2 yemas de huevo
mermelada de manzana
mermelada de albaricoque
jalea de grosella
merengue

Se elabora el hojaldre con la harina, la mantequilla, la sal y las yemas de huevo, dándole 10 vueltas. Luego se aplana la masa con el rodillo hasta que tenga 1,5 cm de espesor. Se divide en 8 trozos y se vuelve a aplanar cada uno, dándoles la forma de discos delgadísimos. Dos de los discos se hacen mayores que el resto para colocarlos como base y remate del pastel. Se dejan en reposo los discos durante 2 horas.

Pasado ese tiempo, se humedece una placa de horno y se colocan en ella los discos. Se pincha cada uno con un cuchillo fino para que no se deformen y se hornean durante media hora a temperatura elevada; se dejan enfriar.

Una vez fríos, se unta uno de los discos mayores con mermelada de albaricoque, se tapa con otro disco untado con jalea, se coloca, encima de este, otro untado con mermelada de manzana, y se prosigue así con todos los discos; se finaliza con el otro disco de tamaño mayor.

Se mezcla la mermelada de manzana con la de albaricoque y se rellena con esta mezcla todo el hueco que hay entre el primer y el último disco. Se cubre la superficie con merengue, se espolvorea con azúcar y se mete el milhojas en el horno un momento para que se tueste un poco.

BIZCOCHOS, BOLLOS, *CAKES*, CHARLOTAS, PASTELES Y TARTAS

La masa de levadura en la que se basa casi toda la bollería, al contrario que el hojaldre, debe trabajarse y manipularse mucho para que logre correa y elasticidad. Las harinas con mucho gluten, denominadas *harinas de fuerza*, son las mejores para la fabricación de bollería o masas fermentadas.

El bizcocho tiene el aspecto de una tarta, pero la pasta es especial: por lo general, contiene levadura y clara de huevo batida a punto de nieve, ingredientes que hinchan la pasta haciendo entrar en ella minúsculas burbujas de aire que se dilatan con el calor. Por ello los moldes de bizcocho nunca han de llenarse más de la mitad.

Generalmente, las charlotas se preparan con cremas y frutas, se colocan en moldes forrados con bizcochos, se dejan enfriar en el frigorífico durante varias horas y se desmoldan inmediatamente antes de servirse. Para forrar el molde, normalmente una flanera, se recortan los bizcochos según su tamaño y se colocan con la parte abombada hacia fuera.

Los *cakes* son bizcochos de origen inglés que resultan más sabrosos si se realizan la víspera. Pueden mantenerse tiernos durante muchos días si se envuelven en papel de plata y se guardan en una lata.

Con la palabra *pastel* se designan multitud de elaboraciones con harina, leche, mantequilla, crema, huevos, azúcar... Todo es cuestión de proporción y método: según las cantidades o los medios utilizados se llega a los resultados más diversos.

Por último, la tarta es un pastel grande (si su tamaño es pequeño se denomina *tartaleta*), generalmente redondo y plano, elaborado con pasta de fondear, de hojaldre o quebrada con la que se forra un molde; se guarnece con fruta, crema, chocolate...

Bizcocho genovés

Ingredientes
3 huevos
azúcar (la misma cantidad del peso de los huevos)
harina (la misma cantidad del peso de 2 huevos)
100 g de mantequilla
1 limón
sal

Se cascan los huevos y se separan las yemas de las claras. Se baten las claras, con una pizca de sal, a punto de nieve muy consistente, se agregan las yemas y luego el azúcar. Se remueve sin cesar con una cuchara de madera durante 10 minutos.

A continuación, se incorpora la harina a cucharadas, la ralladura del limón y la mantequilla previamente derretida.

Se unta un molde de cake con mantequilla y se espolvorea con harina. Se vierte dentro la masa del bizcocho y se hornea, a una temperatura muy suave, durante 45 minutos o 1 hora. El bizcocho se desmolda cuando aún está caliente.

Bizcocho de chocolate y nueces

Ingredientes
200 g de harina
200 g de azúcar
4 huevos
3 onzas de chocolate
100 g de nueces peladas
100 g de mantequilla
2 cucharaditas de levadura en polvo

Se pone a derretir el chocolate en pedazos con un poco de mantequilla. En un bol se vierten los huevos y se baten con el azúcar hasta que queden espumosos; se añade la harina y la levadura, se mezcla con el chocolate fundido y la mantequilla, y, por último, se agregan las nueces en pequeños trozos.

Se vierte el preparado en un molde untado con mantequilla y se hornea a una temperatura un poco elevada durante unos 45 minutos aproximadamente.

Brazo de gitano

Ingredientes
4 huevos
125 g de azúcar
75 g de harina
1 limón
mantequilla

En un bol se baten las yemas con el azúcar y un poco de ralladura de limón. Cuando están muy esponjosas se agregan las claras batidas a punto de nieve. Se mezclan con una espátula y se añade la harina removiendo muy despacio.

Se pone en la placa del horno un papel parafinado espolvoreado con harina y se extiende encima la mezcla anterior (debe tener medio centímetro de grosor aproximadamente). Se hornea a una temperatura media durante 10 minutos. Se saca del horno y se deja enfriar.

Se extiende entonces sobre el bizcocho una capa de relleno (crema pastelera, crema chantilly, mermelada...) y se enrolla separándolo con cuidado del papel.

Por último, se cortan un poco las esquinas para igualarlo y se espolvorea con azúcar glas.

Pastel danés

Ingredientes
300 g de harina
350 g de azúcar de lustre
3 huevos
125 g de mantequilla
2 dl de crema de leche fresca
1 cucharada de canela molida
20 g de levadura en polvo
confitura de arándanos

Para empezar se mezcla la harina, la levadura y la canela, y se pasa todo por el tamiz.

Se cascan los huevos en un bol, se añade el azúcar y se bate ligeramente hasta que estén bien espumosos.

Se trocea la mantequilla, se pone en un cazo y se derrite al baño María.

A continuación, se añade la crema de leche y la mantequilla derretida a los huevos batidos, se mezcla bien y se incorpora poco a poco la harina; se bate unos minutos más.

Se unta un molde con mantequilla y se vierte dentro la pasta anterior. Se hornea durante 40 minutos.

Se desmolda el pastel, se deja enfriar y en el momento de servir se cubre con confitura de arándanos.

Pastel de castañas

Ingredientes
1 kg de castañas
125 g de azúcar
125 g de mantequilla
media copa de ron

Para el glaseado de chocolate
125 g de chocolate
1 dl de crema de leche fresca

Se quita la cáscara de las castañas con la ayuda de un cuchillo puntiagudo. Se ponen las castañas en una cazuela, se cubren con agua fría ligeramente salada y se hierven durante 25 minutos. Transcurrido ese tiempo, se escurren, se les quita la piel y se reducen a puré.

Se calienta el puré de castañas en una cazuela a fuego lento, se añade la mantequilla, el azúcar y el ron, y se mezcla bien hasta que se forme una pasta lisa.

A continuación, se unta un molde con mantequilla y se vierte dentro la pasta. Se refrigera en la nevera hasta el día siguiente.

Unos instantes antes de servir el pastel se desmolda y se cubre con el glaseado de chocolate (véase receta en la pág. 33).

Pastel de manzana

Ingredientes
1 manzana grande
100 g de harina
100 g de azúcar
100 g de mantequilla
2 huevos
1 cucharadita de levadura en polvo
medio vasito de coñac
azúcar para espolvorear

Se derrite la mantequilla, se pone en un bol y se añade el azúcar; se trabaja bien, hasta que quede una pasta lisa. Luego se agrega la harina, la levadura y los huevos, removiendo hasta que quede una mezcla homogénea.

Se unta un molde con mantequilla y se vierte dentro la masa.

Se pela la manzana, se parte en cuatro, se elimina el corazón y se corta en lonchas finas que se van colocando encima de la masa, de manera que unas queden superpuestas a las otras.

Se hornea a fuego suave durante 20 minutos aproximadamente. Se espolvorea entonces con azúcar, se rocía con el coñac y se vuelve a hornear durante 6-8 minutos más.

Tarta de nueces

Ingredientes
125 g de nueces peladas
170 g de mantequilla
125 g de azúcar
3 huevos
1 taza de crema de chocolate

En primer lugar, se machacan las nueces en un mortero hasta que se forme una pasta lisa; durante la operación se incorpora una clara de huevo para evitar que se aceiten; se reserva.

En un bol se ablanda la mantequilla, se añade el azúcar y las yemas de huevo, una a una, y se trabaja el conjunto hasta obtener una crema lisa. Se agregan entonces las nueces machacadas y, por último, las 2 claras de huevo restantes batidas a punto de nieve. Se mezclan bien todos los ingredientes.

Se forra un molde con papel parafinado y se vierte dentro el preparado anterior. Se pone el molde en el frigorífico para que la mezcla se endurezca.

Para finalizar, se desmolda, se baña la tarta con crema de chocolate y se adorna con medias nueces.

Borrachos

Ingredientes
250 g de azúcar
125 g de harina
3 huevos
0,25 l de vino
1 copa de manzanilla
canela

Se baten las claras a punto de nieve. Aparte se baten las yemas con 50 g de azúcar; después se añade la harina y las claras, y se mezcla con cuidado.

Se unta con aceite un molde de papel, se vierte dentro la masa y se hornea a fuego medio durante 20 minutos.

Mientras tanto, se prepara el almíbar: se pone en una cazuela el resto del azúcar, el vino, la manzanilla y un poco de agua. Primero se derrite el azúcar y luego se deja que la mezcla hierva unos instantes.

Cuando el bizcocho está hecho, se deja enfriar y se corta en cuadrados, que se mojan en el almíbar, se espolvorean con canela y, por último, se dejan secar al aire.

Charlota de chocolate

Ingredientes
200 g de chocolate amargo
200 g de mantequilla
200 g de azúcar
4 huevos
bizcochos

Se pone el chocolate en un bol cerca del horno caliente para que se reblandezca y cuando está en su punto se trabaja con un batidor, añadiendo primero la mantequilla y seguidamente el azúcar; se mezcla todo bien.

Se continúa trabajando y se añaden, una a una, las 4 yemas de huevo. Por último, se baten las claras a punto de nieve y se incorporan a la crema.

Cuando todo está bien amalgamado, se vierte en un molde de charlota forrado con bizcochos y se deja enfriar en el frigorífico hasta que quede cuajado. Se desmolda y se sirve.

Charlota de fresas

Ingredientes
0,5 kg de fresas
250 g de nata montada
0,5 l de leche
3 yemas de huevo
15 g de maicena
150 g de azúcar
2 hojas de cola de pescado
1 bote de mermelada de fresa
1 vaina de vainilla
bizcochos

Se reserva 1 tacita de leche y se pone el resto a hervir en un cazo con la vainilla y 100 g de azúcar.

Mientras, se mezclan las yemas de huevo con la maicena. Se añade la leche reservada y se mezcla bien. Se incorpora a la leche hirviendo y se mueve sin parar durante 5 minutos. Transcurrido ese tiempo, se vierte en una fuente y se deja enfriar con la cuchara dentro de la crema para ir removiéndola de vez en cuando.

Se remojan las hojas de cola de pescado en agua templada y cuando estén deshechas se añaden a la crema y se mezcla bien.

Se limpian las fresas y se reservan unas pocas para adornar; el resto se parte en dos y se añaden a la crema ya fría; a continuación, se mezcla todo con la nata.

Se forra un molde con bizcochos y se vierte dentro la crema, que se mete en la nevera.

Poco antes de servir la charlota se prepara el glaseado: se pasa la mermelada por un tamiz, se coloca en un cazo, se añaden 50 g de azúcar y se pone en el fuego durante 2 minutos; se aparta el cazo del fuego y se deja enfriar casi del todo.

Se desmolda la charlota, se baña con el glaseado, se vuelve a refrigerar en la nevera unos momentos y se sirve adornada con las fresas reservadas.

Plum-cake

Ingredientes
2 huevos
250 g de harina
100 g de azúcar
150 g de fruta confitada variada
1 sobre de levadura en polvo
50 g de pasas de Corinto
0,25 l de leche
100 g de mantequilla
pan rallado

Para empezar se ponen las pasas en remojo en agua tibia para que se ablanden.

Se cascan los huevos en un bol, se incorpora el azúcar y se baten hasta que estén espumosos. Se va agregando poco a poco la harina y la leche. Se sigue mezclando hasta acabar la harina (se reserva 1 cucharada) y la leche.

Se añaden después 80 g de mantequilla derretida y la levadura. Se amalgaman bien todos los ingredientes.

Se trocea finamente la fruta confitada, se ponen en un bol, junto con las pasas, escurridas y secadas, y se espolvorea todo con la harina reservada. Acto seguido se incorporan las frutas a la masa preparada.

Se unta un molde con mantequilla, se espolvorea con pan rallado y se vierte dentro la masa. Se hornea a fuego medio durante 1 hora aproximadamente.

Cuanto más tiempo estén las pasas de Corinto en remojo, más se inflarán y mejor se sostendrán en el *plum-cake* (al colocarlas en el molde tienden a amontonarse en el fondo, en vez de quedar distribuidas por todo el dulce).

Roscón de Reyes

Ingredientes
1 kg de harina
125 g de mantequilla
45 g de ron
45 dl de agua de azahar
100 g de azúcar
3 huevos
50 g de levadura prensada
sal

Se calientan en un cazo 45 dl de agua, junto con el ron y el agua de azahar; se deshace en esta mezcla la mantequilla. Se vierte todo en un bol.

Aparte se baten los huevos y se incorporan al preparado anterior, junto con el resto de ingredientes. Se remueve enérgicamente con una cuchara hasta que se amalgame todo bien.

Se tapa el bol con un paño y se deja reposar la masa en un sitio templado durante 2 o 3 horas, hasta que doble su volumen. Una vez transcurrido ese tiempo, se trabaja un poco más y, si es necesario, se añade un poco más de harina. Se le da la forma de un roscón.

Se forra la placa del horno con papel parafinado y se pone encima el roscón. Se deja reposar de nuevo hasta que vuelva a doblar su tamaño.

Por último, se hornea durante 10 o 15 minutos teniendo en cuenta que al final de ese tiempo se debe dorar con el gratinador del horno.

Panettone milanés

Ingredientes
700 g de harina muy fuerte
250 g de azúcar
250 g de mantequilla
20 g de levadura de cerveza
6 yemas de huevo
200 g de pasas de Corinto
40 g de corteza de naranja confitada
1 limón
sal

En primer lugar, se elabora el pan de levadura: para ello, se desmenuza la levadura, se mezcla con 100 g de harina y se amasa con agua tibia, formando un pan consistente. Se hace una incisión en forma de cruz en la superficie y se deja fermentar tapado con un paño de cocina.

Transcurridos 15 minutos, se ponen 300 g de harina en un bol, se añade el pan de levadura y un poco de agua tibia; se amasa enérgicamente y se deja fermentar.

Cuando la masa haya doblado su volumen, se pone en un bol grande, se agrega la harina restante, 200 g de mantequilla recién derretida, las yemas batidas con un poco de azúcar, la corteza del limón rallada y una pizca de sal; se amasa todo bien añadiendo un poco de agua tibia. Se trabaja la masa durante 10 minutos y, por último, se agrega la naranja confitada cortada en cuadraditos y las pasas de Corinto previamente ablandadas en agua tibia.

Se sigue amasando hasta que la masa esté blanda y brillante. Se envuelve en una hoja de papel parafinado, se coloca en un molde redondo y de paredes altas, y se practica en la superficie una incisión en forma de cruz.

Se pone encima la mantequilla restante (un trozo de 50 g) y se hornea durante 50 minutos.

Brioches

Ingredientes
*700 g de harina muy fuerte
250 g de azúcar
250 g de mantequilla
20 g de levadura de cerveza
6 yemas de huevo
200 g de pasas de Corinto
40 g de corteza de naranja confitada
1 limón
sal*

Se pone un tercio de la harina sobre el mármol en forma de volcán y se coloca en el centro la levadura, junto con unas cucharadas de leche; se mezcla todo bien hasta obtener una masa firme y blanda. Se coloca dentro de un bol en un lugar tibio para que fermente durante 15 minutos.

Mientras tanto, se forma otro volcán con la harina restante y se coloca en el centro el azúcar, una pizca de sal y 6 huevos; se amalgama suavemente de forma que los huevos se empasten con la harina, sin que se escurran de la superficie. Cuando la masa parezca consistente, se incorpora poco a poco la mantequilla ablandada y se sigue trabajando hasta que quede bien amalgamada. Llegado este momento, se añade la masa fermentada anterior y se sigue trabajando 15 minutos más.

Seguidamente se forma una bola, se coloca en un bol, se cubre con un paño y se deja fermentar en un lugar caliente durante 4 horas.

Por último, se vierte la masa en un molde ancho untado con mantequilla, se pinta la superficie con el huevo restante batido y se hornea, a fuego medio, hasta que se infle y se dore.

Pan de anís

Ingredientes
*200 g de azúcar
0,5 kg de harina
4 claras
25 g de semillas de anís
20 g de mantequilla
50 g de miel
sal*

Se mezcla el azúcar y la harina, y se ponen en el mármol en forma de volcán; se vierten en el centro las claras de huevo sin batir, un pellizco de sal y las semillas de anís. Se amalgaman bien todos los ingredientes amasando enérgicamente.

A continuación, se estira la masa con la ayuda del rodillo hasta formar una hoja de poco más de 1 cm de grosor; con un vaso pequeño se recortan discos y se colocan en una placa de horno untada con mantequilla.

Se hornean hasta que estén bien dorados. Por último, se pegan los discos de dos en dos con una fina capa de miel.

POSTRES VARIADOS

Almendras garrapiñadas

Ingredientes
250 g de almendras crudas
0,5 kg de azúcar

En primer lugar, se lavan y se pelan las almendras; se reservan.

En una cazuela en el fuego se pone el azúcar y 1 tacita de agua, y se elabora un almíbar hasta que tome color. Se remueve continuamente con la espátula de madera para que el azúcar no se pegue en el fondo de la cazuela.

Cuando el almíbar está en su punto, se introducen las almendras y se tienen en el fuego unos 5 minutos dándoles vueltas sin cesar para que se impregnen bien de almíbar. Se sacan y se colocan sobre una superficie engrasada para que se enfríen.

Bolitas de yema

Ingredientes
6 yemas de huevo
90 g de azúcar
0,5 dl de agua
1 trozo de canela en rama

Se pone un cazo en el fuego con el agua, el azúcar y la canela. Se elabora un jarabe a punto de hebra fuerte. Justo en ese momento se incorporan las yemas. Se mezcla bien con la espátula y se deja cuajar despacio y removiendo continuamente. Cuando la pasta se desprende de las paredes del cazo, se vierte en un plato y se deja enfriar.

Una vez la pasta esté completamente fría, se forma una especie de cordón grueso y se reboza en azúcar. Con la ayuda de un cuchillo se corta en 12 partes, se les da forma de bolitas y se colocan en moldes de papel.

Bombón especial

Ingredientes
1 tableta de chocolate fondant de 200 g
100 g de azúcar
2 huevos
200 g de mantequilla
leche

A fuego muy suave se pone a calentar la mantequilla en un cazo hasta que quede convertida en una crema blanda.

Aparte, también a fuego suave, se deshace el chocolate con un chorrito de leche. Se va incorporando poco a poco la mantequilla y se añaden después los huevos batidos; se mezcla todo muy bien.

Se vierte esta masa en un recipiente redondo forrado con papel de estaño, se mete en la nevera y se deja que cuaje.

Una vez frío, se saca el bombón del recipiente, se le da la vuelta y se le quita el papel. Se puede adornar con nata o chocolate rallado espolvoreado.

Torta de chicharrones

Ingredientes
800 g de harina
200 g de azúcar
40 g de manteca de cerdo
400 g de chicharrones
4 huevos
ralladura de limón

Se dispone la harina sobre el mármol en forma de volcán y se ponen en el centro los huevos y la manteca. Se amasa un buen rato y después se añade el azúcar, los chicharrones cortados en trozos muy pequeños y la ralladura de limón. Se continúa trabajando la masa y se le da la forma de una torta alargada y muy fina.

Se unta una placa de horno con manteca y se espolvorea con harina; se coloca encima la torta y se hornea hasta que esté dorada y tenga una consistencia frágil.

Coca de San Juan

Ingredientes
400 g de harina
4 huevos
125 g de azúcar
100 g de mantequilla o manteca de cerdo
1 dl de leche
50 g de piñones
1 copa de anís
15 g de levadura prensada
1 cucharada de azúcar vainillado
75 g de cerezas confitadas
75 g de naranja confitada
1 corteza de limón

Se forma un volcán con la harina y se coloca en el centro la levadura, los huevos, la mantequilla, el azúcar, la corteza de limón rallada, el anís y la leche; se mezcla todo bien hasta obtener una masa que no se pegue a los dedos. Se sigue trabajando hasta que adquiera cuerpo y resulte elástica y fina. Se forma entonces una bola y se deja reposar durante 20 minutos.

Una vez transcurrido ese tiempo, se estira la bola con el rodillo y se forma una lámina de aproximadamente 1 cm de grosor. Con la ayuda de un pincel se pinta la superficie con leche, se espolvorea con azúcar y se adorna con los piñones, previamente remojados en agua caliente, y la fruta confitada, que debe hundirse un poco en la masa.

Se coloca la coca (torta) en una placa de horno y se hornea a fuego medio durante unos 20 minutos.

Guirlache

Ingredientes
0,5 kg de azúcar
250 g de almendras peladas y tostadas
zumo de medio limón

Se pone el azúcar en una cazuela y se añade el zumo de limón. Se mezcla con la espátula de madera para que todo el azúcar se humedezca por igual y se dispone en el fuego sin dejar de remover hasta que se haya licuado completamente y adquiera el color dorado del caramelo.

Se agregan entonces las almendras, se mezcla bien y se pone sobre un mármol untado con aceite.

Con un cuchillo grande, también untado con aceite, se va removiendo el turrón y, a medida que va enfriando, se le da forma rectangular; debe tener aproximadamente 1 cm de espesor. Antes de que esté demasiado frío se corta en porciones.

Yemas de coco

Ingredientes
*125 g de coco rallado
1 clara de huevo
azúcar*

Se cuentan las cucharadas de coco que hay y se mezcla este con el mismo número de cucharadas de azúcar molido. Se agrega la clara, poco batida, y se trabaja mezclando bien todos los ingredientes.

Se deja reposar la masa extendida sobre una fuente durante 24 horas. Una vez transcurrido ese tiempo, se forman bolas, se pasan por azúcar y se meten en moldes de papel. También pueden pasarse por almíbar a punto de caramelo.

Almendrados

Ingredientes
*250 g de almendras
3 claras de huevo
250 g de azúcar
mantequilla*

Se pican bien finas las almendras peladas. Se colocan en un bol y se mezclan con el azúcar y las claras batidas a punto de nieve.

Se extiende esta mezcla con la ayuda del rodillo sobre el mármol, se corta en rombos y se colocan muy separados entre sí en una placa de horno untada con mantequilla. Se hornean durante 12 minutos.

Mantecadas

Ingredientes
400 g de harina
200 g de manteca de cerdo
70 g de azúcar glas
medio vaso de jerez dulce

Se hace una pasta con la manteca y el azúcar, y se añade el jerez poco a poco; luego se incorpora la harina y se mezcla bien, pero sin trabajar demasiado la masa.

Se extiende con el rodillo sobre el mármol, dándole un grosor de 1 cm aproximadamente; con la ayuda de un cortapastas se hacen discos de masa, se ponen en una placa de horno y se hornea a fuego medio durante 15 o 20 minutos.

Mantecadas de Astorga

Ingredientes
250 g de azúcar
180 g de mantequilla
90 g de harina
8 huevos
canela molida
azúcar para espolvorear

Se ponen en un bol 4 yemas y 4 huevos enteros, junto con el azúcar, y se bate todo bien durante 15 minutos. Después se pasa por el tamiz la harina y se incorpora poco a poco a la mezcla con la ayuda de una espátula. Por último, se añade la mantequilla derretida, pero fría.

Se baten las claras reservadas y se agregan a la masa con mucho cuidado. Se hacen unas cajitas con papel de barba y se rellenan con la pasta de las mantecadas, sin llegar al borde; se espolvorean con azúcar y canela.

Se colocan las cajitas en una placa de horno y se hornean a una temperatura elevada durante 10 minutos.

Polvorones

Ingredientes
0,5 kg de harina
250 g de azúcar glas
175 g de manteca de cerdo
canela molida
azúcar glas para espolvorear

Se tuesta la harina en una sartén. Se pone en un bol y se añade el azúcar, la manteca y la canela. Se amasa con la mano y se extiende con un rodillo sobre el mármol espolvoreado con harina, dándole un grosor de 1,5 cm.

Con la ayuda de un cortapastas o un vaso se cortan varios discos y se ponen sobre una placa de horno untada con mantequilla. Cuando adquieran un ligero color dorado, se sacan del horno y se espolvorean con abundante azúcar glas.

Lenguas de gato

Ingredientes
100 g de harina
100 g de azúcar de lustre
1 dl de nata de leche
2 claras de huevo
1 cucharada de azúcar vainillado
media vaina de vainilla

Se pasa la harina por un tamiz y se coloca en una mesa en forma de volcán; se echa en el hueco la nata, el azúcar y la vainilla; primero se mezclan estos ingredientes sin tocar la harina.

A continuación, se baten las 2 claras a punto de nieve y se agregan a la harina; se amasan bien todos los ingredientes (incluida la harina) con las manos hasta conseguir una masa fina.

Se llena una manga pastelera de boquilla redonda y ancha con la masa, y en una placa de horno ligeramente untada con mantequilla se colocan tiras de masa de unos 5 cm de ancho. Se colocan a cierta distancia unas de otras, para que no se peguen al cocinarse, y se hornean a una temperatura elevada durante 15 o 20 minutos.

Leche frita

Ingredientes
3 yemas de huevo
100 g de azúcar
100 g de harina
0,75 l de leche fría
1 limón
1 trozo de canela en rama
mantequilla
azúcar
harina
aceite de oliva virgen extra

Se baten bien las yemas y se incorporan poco a poco los 100 g de azúcar y 0,25 l de leche fría, hasta conseguir una pasta fina.

Se hierve el resto de la leche junto con la corteza de limón y la canela. Se agrega al preparado anterior, se mezcla bien y se vierte todo en una cazuela. Se pone a hervir.

Mientras tanto, se unta una fuente plana con mantequilla y cuando la pasta haya tomado cierta consistencia se vuelca sobre la fuente.

Cuando esté totalmente fría, se corta en cuadraditos de unos 6 cm de lado. Se pasan por harina y se fríen en un poco de aceite. Una vez dorados por los dos lados, se espolvorean con azúcar y se sirven.

GLOSARIO

A punto de nieve: consistencia esponjosa y firme que adquieren las claras de huevo al ser batidas rápida y prolongadamente.

Abrillantar: dar una capa superficial de jarabe, jalea, etc. a pasteles y dulces, para realzar su color.

Almíbar: azúcar disuelto en agua y cocido hasta que adquiere el grado de espesor deseado, llamado punto, que puede ser: punto de jarabe, de hebra flojo o fuerte, de bola floja o fuerte, de caramelo...

Aplanar: extender una masa aplastándola con el rodillo hasta obtener la extensión y el espesor necesarios.

Baño María: método de cocción indirecta de algunas elaboraciones, como cremas y flanes, que consiste en colocar el molde que las contiene dentro de otro mayor lleno de agua y puesto en el fuego.

Caramelizar: reducir el azúcar a punto de caramelo y bañar con él los dulces. También significa cubrir el fondo de un molde con caramelo líquido, generalmente para elaborar flanes y púdines.

Clarificar: eliminar las impurezas que arroja el almíbar al hervir, hasta dejarlo claro. También se llama clarificación a la operación de filtrar una gelatina, un jarabe, etc., hasta dejarlos transparentes.

Correa: elasticidad que adquiere una masa al ser muy trabajada.

Cuerpo: se dice de una masa o pasta que, por haber sido muy trabajada, ha tomado correa, es decir, se ha ligado, se ha vuelto elástica, ha alcanzado un punto en que para romperla hay que estirar con fuerza.

Engranado: se dice de un almíbar que se ha estropeado.

Fondant: almíbar a punto de bola floja que se extiende encima del mármol y se remueve con una espátula. Se forma una bola dura que se refrigera en la nevera. Cuando se necesita, se licúa al baño María y se cubren con el fondant los dulces y pasteles.

Fondear: forrar un molde con una pasta que adquiere la forma debida para que sirva de fondo. Dicha pasta se denomina también de fondear.

Glasé (o glaseado): barniz almibarado.

Glasear: recubrir los dulces con un preparado (almíbar, jarabe de fruta, mermelada, fondant...) para abrillantarlos y proporcionarles mejor aspecto.

Hojaldre: masa o pasta preparada con mucha grasa que, al doblarla muchas veces mientras se amasa, cuando se hornea, sube mucho y forma unas hojitas delgadas y superpuestas. Es una pasta muy delicada.

Levar: efecto que produce en la masa la levadura al fermentar.

Ligar: dar consistencia a una crema, generalmente añadiendo harina o huevo.

Manga pastelera: bolsa de tela de forma cónica provista de una boquilla con hendiduras lisas, orladas o dentadas, que se utiliza para decorar con crema los dulces.

Montar: batir enérgicamente la nata o las claras de huevo.

Mousse: preparado muy ligero y espumoso confeccionado a base de nata o claras de huevo a punto de nieve.

Pasta (o masa): preparaciones cuyo ingrediente básico es la harina trabajada con otros productos. Los principales tipos de pasta son: lionesa (harina floja, huevos y grasa), de bizcocho (harina floja y grasa), de brioche (harina fuerte, levadura, huevos y grasa), de hojaldre (mezcla de harina fuerte y floja, huevos y grasa) y de freír (harina floja, agua, leche o cerveza, con o sin huevos y con o sin levadura).

Reducir: hervir un líquido hasta que se concentra.

Trabar: ligar una crema o un líquido.

Vuelta: doblez que necesitan ciertas masas, como por ejemplo el hojaldre.

ÍNDICE DE RECETAS

A

Almendrados, 149
Almendras garrapiñadas, 142
Almíbar, 20
Azucarado de naranja, 22

B

Baño blanco, 23
Bavarois de chocolate, 75
Bavarois diplomático, 77
Bavarois de fresas, 76
Bavarois moreno, 78
Bavarois a la vainilla, 74
Bizcocho de chocolate y nueces, 127
Bizcocho genovés, 126
Bolitas de yema, 143
Bombón especial, 144
Borrachos, 133
Brazo de gitano, 128
Brioches, 139
Buñuelos del Ampurdán, 97
Buñuelos azucarados, 93
Buñuelos de leche, 94
Buñuelos a la milanesa, 95
Buñuelos de viento, 96

C

Canutillos de hojaldre, 122
Coca de San Juan, 146
Crema *chantilly*, 48
Crema de almendras, 49
Crema de café, 50
Crema de chocolate, 51
Crema *frangipane*, 52
Crema inglesa, 53
Crema al limón, 56
Crema de mantequilla, 55
Crema pastelera, 54
Crepes con plátano, 100
Crepes sencillas, 98
Crepes *suzette*, 101
Crepes al whisky, 99
Charlota de chocolate, 134
Charlota de fresas, 135

D

Dulce de yema dura, 24

E

Esencia de café, 25
Esencia de naranja, 26

F

Flan de albaricoques, 58
Flan anaranjado, 59
Flan de castañas, 60
Flan a la francesa, 61
Flan inglés, 62

Flan de leche, 63
Flan rápido, 64
Fondant blanco, 27
Fondant de chocolate y mantequilla, 28

G

Galletas campesinas, 110
Galletas marineras, 112
Galletas con pasas, 111
Gelatina de fresa, 80
Gelatina a la naranja, 79
Glasé real, 34
Glaseado al agua, 31
Glaseado de azúcar, 30
Glaseado de café, 32
Glaseado de chocolate, 33
Glaseado sencillo, 29
Guirlache, 147

H

Hojaldrada de frutas, 123
Hojas al limón, 102
Hojuelas dulces de arroz, 103

J

Jarabe de azúcar, 35
Jarabe para bañar dulces, 38
Jarabe de frutas naturales, 36
Jarabe de moras, 37
Jarabe al ron, 39

L

Leche frita, 154
Lenguas de gato, 153

M

Magdalenas, 115
Magdalenas rellenas, 116
Mantecadas, 150
Mantecadas de Astorga, 151
Masa de buñuelos, 92
Mazapán, 40
Merengue, 41
Merengue italiano, 42
Milhojas, 124
Mousse de castañas, 81
Mousse de chocolate, 82
Mousse de limón, 83
Mousse de naranja, 84

P

Pan de anís, 140
Panettone milanés, 138
Pasta hojaldrada, 121
Pastas de té con coco, 118
Pastel de castañas, 130
Pastel danés, 129
Pastel de manzana, 131
Pastitas de té, 117
Plum-cake, 136
Polvorones, 152
Pudin de avellanas, 66
Pudin blanco y negro, 67
Pudin de cerezas, 68
Pudin de chocolate y nata, 69
Pudin de limón, 70
Pudin de manzana a la alemana, 71
Pudin de requesón, 72

R

Roscón de Reyes, 137

Rosquillas de anís, 104
Rosquillas de naranja, 105

S

Salsa de chocolate, 43
Salsa de fresas o frambuesas, 44
Salsa de naranja, 45
Salsa sabayón, 46
Suflé de avellanas, 87
Suflé de castañas, 88
Suflé sencillo, 90
Suflé al ron, 86
Suflé de vainilla, 89

T

Tarta de nueces, 132
Tejas, 113
Tejas con limón y naranja, 114
Torrijas de miel, 106
Torrijas de Santa Teresa, 107
Torrijas de vino, 108
Torta de chicharrones, 145

Y

Yemas de coco, 148

www.ingramcontent.com/pod-product-compliance
Lightning Source LLC
Chambersburg PA
CBHW080639170426
43200CB00015B/2892